U0926899

城市轨道交通

网络化运营的实践与思考

CHENGSHI GUIDAO JIAOTONG
WANGLUOHUA YUNYING DE SHIJIAN YU SIKAO

何　霖⊙编著

人民交通出版社股份有限公司
China Communications Press Co.,Ltd.

内 容 提 要

本书以城轨网络化发展为切入点，在总结城轨网络化运营面临的技术要求与服务特征的基础上，根据内外部条件变化，从运营管理模式、组织设计、安全保障、质量控制、行车组织、客运组织、应急管理、人员发展、危机应对、信息化应用等多个方面着手，剖析线网扩张带来的网络化运营挑战，并结合广州地铁从单线、多线到网络化运营的实践与认识，以及国内外同行的先进做法，总结城轨网络化运营的管理思路，为行业的发展提供实践参考与理论支持。

本书可作为大、中专院校城轨管理类专业教学或参考用书，也可供城轨行业运营管理岗位人员学习参考。

图书在版编目(CIP)数据

城市轨道交通网络化运营的实践与思考/何霖编著.
-- 北京 ：人民交通出版社股份有限公司，2015.9
ISBN 978-7-114-12243-9

Ⅰ.①城… Ⅱ. ①何… Ⅲ. ①城市铁路—交通网—交通运输管理—研究 Ⅳ. ①U239.5

中国版本图书馆CIP数据核字（2015）第103272号

书　　名：城市轨道交通网络化运营的实践与思考
著 作 者：何　霖
责任编辑：李　坤　温鹏飞
出版发行：人民交通出版社股份有限公司
地　　址：（100011）北京市朝阳区安定门外外馆斜街3号
网　　址：http://www.ccpress.com.cn
销售电话：（010）59757973
总 经 销：人民交通出版社股份有限公司发行部
经　　销：各地新华书店
印　　刷：北京市密东印刷有限公司
开　　本：787×1092　1/16
印　　张：9.75
字　　数：164千
版　　次：2015年9月　第1版
印　　次：2015年9月　第1次印刷
书　　号：ISBN 978-7-114-12243-9
定　　价：48.00元

作者简介

何霖　教授级高级工程师，现任广州市地下铁道总公司副总经理，中国城市轨道交通协会运营管理专业委员会副主任委员，第一届中国智能交通协会专委会轨道智能运输系统（RITS）专业委员会委员，广东省城市公共交通运输协会副会长，西南交通大学城市轨道交通专家委员会成员。2007 年被授予“广东省五一劳动奖章”，2008 年被授予“广东省劳动模范”。

作者具有多年丰富的城市轨道交通运营管理实践经验，一直不断追求卓越，积极研究与探索科学的运营管理体系。其研究成果多次取得重大创新和突破，作为“城市轨道交通行业线网运营管理体系研究与实践”的主要创造人，主持完成项目并获得广东省企业管理现代化成果一等奖；“自主知识产权国产化直线电机车辆”获广州市科学技术奖励一等奖；先后在重要刊物发表多篇专业论文，主持编写了《城市轨道交通运营管理——从有序到有效》、《城市轨道交通运营筹备与组织》、《城市轨道交通车辆采购项目管理》和《城市轨道交通车辆架大修管理》等从业者的重要工具书籍。

前　言

城市轨道交通（以下简称“城轨”）作为城市交通运输体系中的重要组成部分，在促进经济投资、城市发展、交通出行、环境改善等方面都发挥着不容小觑的作用，已成为城市生活的重要组成部分。

我国对城轨建设的投资力度非常大，目前，我国城轨正处在飞速发展的黄金时期。据统计，到2014年末，我国已开通的城轨运营里程达到3173km。随着越来越多城轨线路投入运营，一些城市已经从单线运营进入到多线甚至网络化运营阶段，未来将有更多的城市逐步迈入这个阶段。对于国内城轨运营单位而言，由于本身发展极其迅速，在相对较短的时间内达到如今的水平，缺少如国外同行上百年逐步积累的过程。即便是北京、上海、广州、天津等在国内运营轨道交通起步最早的城市，其城轨的发展历史也仅有几十年。因此，国内城轨运营单位都是边发展边学习，边学习边发展。如何应对网络化运营下的新挑战，保障运营安全、质量与效率，是国内城轨运营单位正在面临或即将面临的重要问题。

必须认识到，城轨网络化运营阶段既是线路运营阶段的延伸，又具有明显的独特性。在城轨线路走向网络化过程中，企业所面临的内、外部环境都在发生重要的变化，这是一个从量变到质变的过程。本书以广州地铁的实践为依托，总结国内外同行的共性及差异，进行系统的总结和提炼；尝试从更加客观的角度，首次提出网络化运营的判断标准，并从新线与既有线网运营兼顾、安全质量保障、运营危机应对、管理效能提升、员工队伍管理、组织管理体系等多个方面所面临的新挑战，对各行业实践进行比较分析，提出具有针对性的借鉴意见。这其中既包括全新系统性的变革，又包括在原有线路运营基础上的优化改进。例如，对于组织体系，基于大线网发展的需要，提出“顾客导向、服务社会、资源共享、协同发展、精简高效、责权对等、统筹兼顾、适度竞争”的理念，进行全面的梳理和变革，以从“专业为主、区域为辅”的组织形态转变为“区域为主、专业为辅”的新格局。又如，对于员工队伍的培养，则要在沉淀过往线路运营阶段经验的基础上，深化技能人才的差异化培养，完善课程体系的结构化搭建，强化内训师队伍的专业化培育，完善员工实训基地的建设。

本书探讨的虽然是城轨运营阶段的实践与思考，但从根本上而言，科学合理的规划、设计、建设，是支撑城轨网络化运营的基础。城轨的全价值链与产业链中的任何一个环节，都对网络化运营起着非常重要的作用，先天性的不足往往会制约网络化运营的关键环节。因此，规划、设计、建设必须坚持全生命周期和“运营就是用户”的理念，打破固有思维模式，改变“设计一条线，建设一条线，新线补旧线”的弊端；二是从网络化的角度和运营的需求出发，做好“一次性规划，分线路实施”。对于城轨线网来说，勾勒好城市的交通走廊，明确好不同线路的功能定位，尽量达到各线路互联互通，预留足长期发展的空间，才能为网络化运营的出色表现提供条件。

城轨网络化运营的发展，既是行业共同关注的话题，又是每位从业者共同承担的使命。希望此书能够抛砖引玉，启发大家的关注和思考，共同为城轨网络化运营出谋划策，为城轨行业的健康、可持续发展做出努力。本书在编写过程中，得到广州市地下轨道总公司和广州城市轨道交通培训学院的大力支持，从各城轨同行中得到了很多宝贵经验，获得了许多专家的指导帮助，在此恕不一一列出，谨表衷心感谢。

作　者

2015 年 3 月

目　录

第一章
城轨网络化运营发展概况

第一节　国内城轨运营发展现状

一、城镇化刺激城轨行业的快速发展

在城市人口和经济快速增长以及公共政策的强力推动下，中国城轨行业正进入一个快速膨胀的发展新阶段。随着城市的人口规模持续增长，越来越多的城市将进入大、特大甚至超大城市的行列，城市群（带）和城镇聚集区逐渐增多。而生活水平的提高则让城市居民对交通出行的质量（速度、灵活性、通达性、舒适性和安全性）有着更高的要求。在国家土地、环境以及节能减排政策的引导下，城市土地的开发利用将向高密度、集约化的趋势发展。一个规划合理的城轨系统可以成为集约化土地利用与发展的中心纽带和引擎。因此，在各个城市以及城市群中，将会出现更多适合轨道交通建设的快速与大容量交通走廊。

当前，中国正处于快速城镇化的发展阶段。近年来，中国城镇化以每年约 1 个百分点的速度增长，每年有 1300 多万人口从农村转入城市。由于城市居民对城市公共交通的需求日益旺盛，公共交通发展任务十分繁重。根据《城市公共交通“十二五”发展规划纲要》，中国城市公共交通运力总量在“十二五”期间将继续保持快速增长态势，尤其是城轨运量将大幅增长。从“十三五”开始，我国将进入几十个城市同时建设城轨交通的大规模发展阶段，预计到 2020 年，我国规划线路长度 1 万多千米，城轨客运总量将超过 200 亿人次。

二、部分城市率先实现网络化运营

据中国城市轨道交通协会统计（详见表 1-1 与图 1-1），截止至 2014 年末，全国 22 个城市共开通城轨运营线路长度 3173km，多城市出现多种制式结构同时运营的状况（详见表 1-1）。其中，地铁 2361km，占 74.4%；轻轨 239km，占 7.5%；单轨 89km，占 2.8%；现代有轨电车 141km，占 4.4%；磁浮交通 30km，占 0.9%；市域快轨

308km，占 9.7%；APM 4km，占 0.1%。

2014 年全国城轨运营里程表❶　　表 1-1

序号	城市	2014 年末运营线路长度（km）								其中：2014 年新增运营线路长度（km）							
		合计	地铁	轻轨	单轨	有轨电车	磁浮交通	市域快轨	APM	合计	地铁	轻轨	单轨	有轨电车	磁浮交通	市域快轨	APM
1	北京	604	527					77		62	62						
2	上海	643	548			9	30	56		16	16						
3	天津	147	87	52		8				8	8						
4	重庆	202	113		89					32	32						
5	广州	247	235			8			4	8				8			
6	深圳	179	179														
7	武汉	96	61	35						24	18	6					
8	南京	187	98			8		81		106	16			8		81	
9	沈阳	114	54			60											
10	长春	56		48		8											
11	大连	127		104		23											
12	成都	155	61					94		11	11						
13	西安	52	52							6	6						
14	哈尔滨	17	17														
15	苏州	76	58			18				18				18			
16	郑州	26	26														
17	昆明	59	59							19	19						
18	杭州	66	66							18	18						
19	佛山	21	21														
20	长沙	22	22							22	22						
21	宁波	21	21							21	21						
22	无锡	56	56							56	56						
合计		3173	2361	239	89	142	30	308	4	427	305	6	0	34	0	81	0

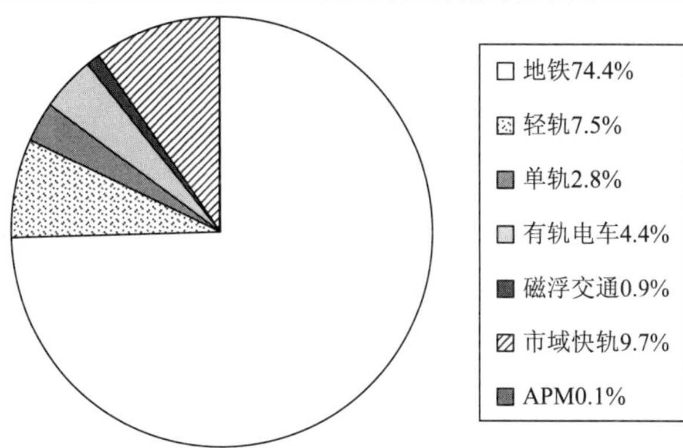

图 1-1　2014 年已投运城轨制式结构比例图

❶ 中国城市轨道交通协会 . 城市轨道交通 2014 年度统计分析报告 [J/OL]. 中国城市轨道交通协会信息，2015(5). http://www.camet.org.cn/sjtj/201505/t20150513_407677.htm.

运营里程的快速增长导致城轨客运总量急剧攀升，城轨在城市客运交通中所承担的重要作用也日益显现出来。如表 1-2 所示，据不完全统计[❶]，2014 年客运总量 126 亿人次，比上年 110 亿人次增加 16 亿人次，增长 15%。

2014 年全国城轨客运统计表[❷]

表 1-2

序号	城市	2014 年末运营里程（km）	全年客运总量（万人次）	日均客流量（万人次 /d）	每公里日均客流强度［万人次 /（km•d）］
1	北京	604	338668	953	1.6
2	上海	643	282727	784	1.2
3	天津	147	30061	82	0.6
4	重庆	202	51710	142	0.7
5	广州	247	222325	610	2.5
6	深圳	179	103566	284	1.6
7	武汉	96	35624	108	1.1
8	南京	187	50317	147	0.8
9	沈阳	114	26294	72	0.6
10	长春	56	7218	20	0.4
11	大连	127	9241	25	0.2
12	成都	155	28431	78	0.5
13	西安	52	13094	95	1.8
14	哈尔滨	17	5384	15	0.9
15	苏州	76	12670	35	0.5
16	郑州	26	6851	19	0.7
17	昆明	59	4921	13	0.2
18	杭州	66	14515	42	0.6
19	佛山	21	5467	15	0.7
20	长沙	22	4580	19	0.8
21	宁波	21	1379	6	0.3
22	无锡	56	1561	15	0.3
合计		3173	1256604	3579	1.1

由上述图表可以看出，随着城市建设规模和运营线路的快速增长，以北京、上海、广州为代表的多个城市城轨运营进入网络化阶段，其网络化效益日益明显，实现全网统筹规划布局、多线同期建设、多主体同时运作。城轨网络化的实现也拉动城市交通与城市发展互动发展，带动城轨线路区域的建设发展，推动多种公共交通实

❶ 因统计渠道不畅，缺少 4 条市域快轨，共计 227km 运营线路客运情况。具体为：北京 77km 市域快轨（S2 线）；上海 56.4km 市域快轨（金山线）；成都 93.8km 市域快轨（成灌线、成彭线）。

❷ 中国城市轨道交通协会 . 城市轨道交通 2014 年度统计分析报告 [J/OL]. 中国城市轨道交通协会信息，2015(5). http://www.camet.org.cn/sjtj/201505/t20150513_407677.htm.

现发展一体化。可以预计，城轨网络化运营带来的效应正在逐步显现，几年之后将有大批城市进入网络化时代。

 三、城轨建设热度持续高涨

城轨在经济、社会发展中的作用突出，其建设热度持续高涨。预计到2020年，全国城轨运营里程将达到6000km，在城轨建设方面的投资将达3万～4万亿元。

截止到2014年末，我国城轨在建城市近40个，在建线路约4000km，首次呈现6种制式同时在建的新局面。2014年在建城轨的城市全年完成投资2899亿元，比上年2165亿元增加734亿元，增长33.9%。“十二五”以来，前四年完成投资8606亿元（2011年1628亿元、2012年1914亿元、2013年2165亿元、2014年2899亿元），如果2015年保持上年投资水平，“十二五”完成投资将达到1.1万亿元。全国各城市城轨建设情况见表1-3。

全国城轨建设情况表[1]　　表1-3

序号	城市	2014年在建线路里程（km）	合计线路里程（km）	2014年计划新增运营里程（km）
1	北京	183	725	62.1
2	上海	223	850	10
3	天津	152	291	4.5
4	重庆	201	371	23.3
5	广州	359	598	
6	深圳	107	286	
7	武汉	128	200	22.1
8	南京	117	198	32.6
9	沈阳	79	193	
10	长春	41	97	
11	大连	63	190	
12	成都	106	250	10.8
13	西安	45	91	6
14	哈尔滨	23	40	
15	宁波	91	91	20.9
16	无锡	60	60	55.7
17	苏州	208	266	18.2

[1] 中国城市轨道交通协会. 城市轨道交通2014年度统计分析报告[J/OL]. 中国城市轨道交通协会信息，2015(5). http://www.camet.org.cn/sjtj/201505/t20150513_407677.htm.

续上表

序号	城市	2014年在建线路里程(km)	合计线路里程(km)	2014年计划新增运营里程(km)
18	合肥	52	52	
19	南昌	52	52	
20	郑州	47	73	
21	长沙	83	83	22.1
22	佛山	7	28	
23	杭州	144	192	18.3
24	青岛	50	50	
25	福州	54	54	
26	昆明	74	114	19.2
27	南宁	53	53	
28	东莞	38	38	
29	石家庄	43	43	
30	太原	23	23	
31	兰州	26	26	
32	厦门	30	30	
33	贵阳	34	34	
34	常州	34	34	
35	乌鲁木齐	28	28	
36	徐州	20	20	
37	淮安	20	20	
38	珠海	9	9	
合计		3107	5853	326

在交通大规模建设与跨越式发展背景下，城轨行业即将迎来网络化运营的时代，亟需国内城轨运营单位根据实际的发展需求，探索相关的管理思想与发展路径，提出具有针对性与实操性的网络化运营管理体系与优化方案，以应对城轨运营单位运营业务持续增长的挑战。

第二节　城轨网络化运营的主要特征

城轨的网络化运营，是指随着城轨线路的不断建设、开通，城轨运营里程达到一定规模，逐步形成网格状，基本连通、覆盖城市的主要区域，并在内部形成网格密集关联，在外围呈现放射式网络的形态。从单线到多线，再到网络化运营，实际是一个从量变到质变的过程。

城轨运营规模达到什么标准才算是网络化运营，业界对此有着不同的定义。有的认为开通运营里程超过 200km 就是网络化运营，也有的认为日均客流超过 500 万就是网络化运营。这些标准确实能够反映网络化运营的一些特征，但由于不同城市之间存在的客观条件差异，例如城市的辖区规模不同，人口总量、交通总量差异等，某个单一数量并不能准确、全面地判断其是否达到网络化运营水平。因此，需要从更综合的角度，结合各城市地铁的实际差异，来衡量与确定网络化运营的标准。

目前，行业普遍根据开通运营的线路数量、线路总里程和客运量等指标来进行判断，超过设定数量，即认为达到网络化运营的标准。此外，城轨的网络化运营至少应符合以下三个方面的特征。

一、网络化运营的区域覆盖特征

城轨线网基本连通、覆盖城市的主要区域。从各个城市的情况来看，从第一条城轨线路开始，即使后续经过十字交叉型、米字交叉型和环线交叉型等不同的线路阶段，最终都将呈现内部密集、外部放射延伸的网格状。城轨建设都是从城市中心区域出发，结合城市发展需要，充分发挥交通疏导、规划引导两种功能，逐步覆盖城市主要区域。以广州为例，目前，广州地铁的 260km 线路，已经完全覆盖原有的“老八区”，并已延伸到番禺、花都、南沙、罗岗等城市发展重点区域，甚至已经连通了周边的佛山市，为广佛同城化提供了实质性的支持；下一步，将通过开通增城、从化的线路，将完全覆盖广州的所有辖区。据了解，在北京目前 16 个区县中，除了密云、怀柔、延庆等少数较为偏远的地区之外，其他地区均已连通地铁，而未开通地铁的地区，也有已规划或正在建设地铁、快轨等线路，以达到完全覆盖。上海的情况也基本类似。

在网络化运营的阶段，由于各条线路之间都相互交叉，线网上任意两站之间往返只需要进行 1 ～ 2 次换乘，线路的通达性明显提高，通勤复杂度降低，通勤时间缩短，城轨的便利性得到充分的显现。

二、网络化运营的站点布局特征

网络化运营的另一个显著特征是，中心城区站点密集建设，并向近郊区域延伸。

中心城区内的站点布局密集、覆盖面广，基本实现1km半径内能找到城轨车站。

以广州为例，城市的核心区域包括越秀区、荔湾区、天河区西南部、海珠区北部等，面积约为140～150km^2。这个区域内的站点数量达到60多个，也就是平均2.3km^{2}内就有一个城轨车站，若按其覆盖半径计算，市民在0.8km内就可以找到一个城轨车站，部分地区则为500m，见图1-2。上海、北京的站点间隔也都在1km以内。其中，北京市近几年更是增大中心区域的地铁覆盖密度，中心区域按规划要控制在300m以内就可到达临近站点。可以说，在网络化运营阶段，城市核心区域的城轨车站实现了与城市经济活动之间的匹配与互动，核心区域的站点覆盖能够快速响应城市内部产业间要素流转的要求。

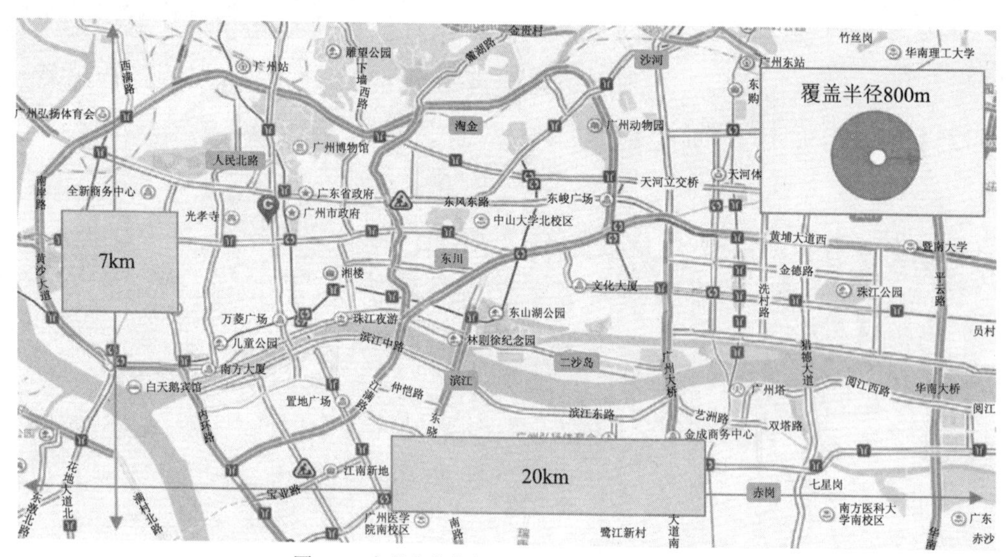

图1-2 广州市传统主城区地铁站点分布示意图

郊区站点以主干道为布局主线，开始逐步覆盖关键的运输走廊。郊区居民可以在各大城市主要交通干道上找到地铁站，再搭乘接驳巴士前往目的地，这扩大了地铁站的有效辐射面。由于站点半径1km左右建立起来的商业网点与住宅小区开始成熟，这极大地推动了区域的发展。

三、网络化运营的公交分担率特征

进入网络化运营阶段，意味着城轨开始成为城市交通的主要支撑力量，扮演着不可或缺的角色。较高的公交分担率，是城轨实现网络化运营的又一特征。一般来说，在实现城轨网络化运营的城市中，城轨客运量的公交市场占有率应达到30%以上，中心城区达到50%以上。如图1-3所示，2013年，北京、上海和广州的城轨运量占公共交通出行总量的比例分别达到了 34.4%、39.4% 和 35.7%。

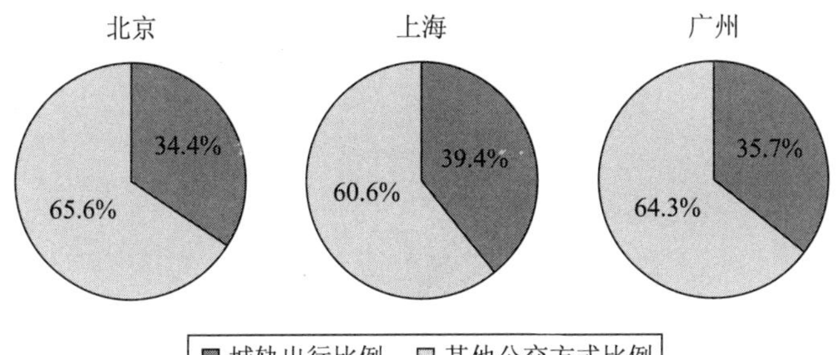

图 1-3　2013 年北京、上海、广州三地城轨客运量公交分担比率图[1]

城轨网络化运营的公交分担率特征决定了城轨在城市交通运输中的重要作用，随着城轨网络化程度的提升，城轨对城市发展的重要性逐渐增加。刚投入城轨运营的城市，由于城轨线网线路较少，覆盖面有限，占公共交通客运量的比例比较低，城轨只能作为其公共交通系统的辅助力量；进入网络化运营后，线网覆盖程度的提升不但可以有效地满足城市核心区域对快速轨道交通的需求，而且由于其线网已延伸至城市郊区，其客运量的公交市场占有率大大提高。随着城轨大客流逐渐形成固定的潮汐式通勤规律，城轨服务逐渐为城市居民所认识并接受，并成为逐步缓解城市中心区域地面交通过大压力的重要手段，成为城市正常生活、生产的一个关键的要素。这也意味着城轨运输对于城市而言，已经从初期的可选项发展成为必选项，城市居民对其形成高度依赖。一旦这种服务缺失，在现有公共交通高度关联的情况下，可能造成城市整体交通效率急剧下降，甚至是瘫痪的后果。

[1] 数据来源：根据各地统计年鉴及交通部门通报数据计算。

第二章
城轨网络化运营面临的挑战

第一节　城轨运营特点对网络化运营的挑战

城轨凭借其运量大、快捷、准点、环保等优点，成为城市公共交通的主要方式。作为客流运送的大动脉，关系到城市居民的工作、娱乐和生活的各个方面。

城轨运营的优点只有在安全、优质和可靠的运营服务中才能得以体现。而从业务协作、安全保障、技术要求、管理组织、服务供给等多个方面看，城轨运营具有长期性、复杂性、持续性、重复性、艰巨性五大特点。从单线、多线再到网络化城轨，由于技术复杂性、客流密集性等因素，城轨运营的特点被逐步放大，使得城轨运营单位不断遇到问题与挑战。为了更好地提供网络化运营服务，城轨运营单位必须先掌握城轨运营的基本特性。

一、城轨运营管理压力长期性

首先，城轨运营是一个需要从规划、设计、建设到运营进行系统性统筹的百年大业。从长期运作的角度，城轨运营单位需要从一开始的规划与设计就预留运营发展的空间。而由于时间相对较短的建设业务对城轨运营的长期、高效和可持续开展具有深远影响，所以在上游建设阶段就需要科学地为运营匹配具有前瞻性的设施设备基础。即使进入运营阶段，新技术的发展会影响设施设备的可持续运营，城轨运营单位需要更宏观、更长远地分析与处理既有线路上的老旧设备与新技术之间的协调与配合问题，以应对技术不断发展的挑战，以确保城轨运营百年基业的可靠。

其次，即使单方面考虑城轨运营阶段的挑战，城轨安全保障的压力也是长期存在的，这是因为城轨存在空间封闭，运行速度高，起停频繁，客流量大，乘客自助乘车、应急疏散难度大和易受外界因素干扰等固有风险点。城轨运营对安全性的要求非常高，除了对自身设施设备和生产运作的安全隐患的排查、监控、整改外，还需要根据外部环境的变化，对存在的每一个潜在风险点进行监控与预防。这种内外部压力的长期存在，对于承担服务供给的城轨运营单位来说，是一个长期的挑战。

二、城轨运营管理的复杂性

（一）服务对象需求复杂

城轨属于公共服务，政府对服务人群的定位以及价格的设置都是适用于大部分人的。由于接受城轨服务的人员构成复杂，对城轨运营的服务需求差异较大，例如上下班和上学的通勤人群要求的是更快捷、更便利的运营服务，休闲出行的人群追求的是运营空间舒适度的提升；老年人群需求的是车站服务的人性化与设备的易操作性，年轻人追求的是车站设备自助服务的多样化。服务对象需求复杂，直接导致城轨运营服务需要兼顾的因素众多，具备复杂性。

（二）管理组织设计复杂

在顾客眼中，城轨运营提供的就是端对端的完整运输服务及相关的衍生服务。但从运营单位的角度看，运营服务承诺的兑现来源于各专业部门横向间、纵向间的协作。由于各部门之间的接口较多，各自专业的划分不同，导致部门横向职责划分、纵向的授权体系设计都是相对复杂的。

横向组织之间的联动和相互支持，更多反映出的是生产关系需要理顺。纵向各组织层级之间的管控深度和手段，更多反映出的是效率和效益需要提升，也就是生产力发展的要求。横向组织关系与纵向组织层面之间具有交叉，这说明生产关系的具体形式必须适应生产力发展的要求。从这个角度来看，城轨管理组织的复杂性，在于组织扁平化的基础上要淡化部门界限，它强调系统、管理层次的简化，管理幅度的增加与分权，破除部门与部门之间的刚性壁垒，以适应城轨运营单位提升效率与效益的要求。

（三）三大系统接口复杂

城轨运营需要三大系统：列车运行系统（主要包括线路、车辆、供电、信号、通信、控制中心、车站行车等）、客运服务系统（主要包括车站及照明、环境控制、消防、屏蔽门、自动扶梯、电梯、自动售检票系统及计算中心、导向及预告系统等）和检修保障系统（主要是包括保障上述设备的安全可靠运行而配置的检修人员、检修设备、设计的检修工艺、检修标准等）。三大系统的设备设施，在运行时要相互关联、相互依托。三大系统接口众多、关系复杂，任何一个环节出错，都会不同程度地影响到城轨的正常运营，因此，系统之间、系统内部的接口梳理是城轨运营的关键保障。

（四）专业技术协作复杂

城轨是一个技术密集型行业，其有效运营涉及专业多、技术复杂，包括运输、土木、电力、机械、电子、通信、自动化、计算机、城市规划、经济管理等10多个领域30多个专业。从技术层面考虑，只有多个专业理论知识的综合应用，各专业之间彼此协作，才能应对城轨运营极其复杂性的挑战。

三、城轨运营管理的持续性

（一）运营服务的高度连续

运营服务从开始到结束具有高度连续性，由于其运营的正线线路不可替代，各种原因产生的行车组织波动，尤其是在早晚高峰关键节点出现的行车波动，会对相邻多个车站的乘客疏导以及后续行车的正常运行带来连锁的负面影响，甚至会造成整条线路乃至多条线路的瘫痪。5min以上的晚点事件即被行业公认为是需要进行后续检讨与考核记录的波动事件；30min以上的晚点事件，则直接升级为重大事件，各种应急、抢险、抢修的机制与预案就会被激活，甚至需要政府相关部门的协调，以及其他的公共交通企业的支持。这种服务供给的高度连续性，说明城轨运营单位、乘客、社会、媒体和政府等利益相关者都无法承担城市骨干交通运营服务中断带来的冲击。

（二）运营投入的持续进行

从经济学的角度看，城轨运营的线网设施和各种设备是一项沉没成本，简单来说就是用与不用、运营服务盈利与否，设施设备的折旧与老化都在发生，不可回收也不能改变。同时，为了维持这些设施设备的正常功能与状态，需要持续对各种设备设施的维护物料与维修人员进行投入。可见，运营投入是一种持续性行为，而且随着线网规模的扩大、设施设备的耗损或状态老化、人员的增置等，还会进一步加大。因此，从城轨运营百年基业的长远角度来看，城轨运营单位要筹划好线网设施在设计、建设、运营各阶段和老化、改造和废弃等全寿命周期内的人力、物力和财力投入，权衡企业阶段性投入与可持续发展之间的关系。

四、城轨运营管理的重复性

城轨运营的重复性包含两个方面，一方面城轨运营主体工作是重复的，同一线路岗位人员与同岗位工作内容大致是不变的；另一方面是运输客体具有重复特性，运营服务对象的大多是具有固定规律的通勤人员。

（一）运营主体工作重复性

城轨运营一线工作的大部分内容重复性很高，岗位专业要求不一，需要员工长期开展重复性工作。城轨系统间的接口环环相扣，如此设置的目的在于把烦琐的事项操作更加规则化、标准化、熟练化，通过重复性工作使员工形成良好的工作习惯。然而，员工长期从事重复性工作很容易麻痹与疏忽，忽视了重复性工作对细致度、敏感性的要求，一旦在维修作业或行车过程中过于懈怠或盲目自信，很可能造成严重的后果。

（二）城轨运输客体重复性

由于城轨运营服务对象大都是本地的日常通勤客流，具有重复、稳定等特征。这种客流重复性主要体现在两个方面：一是客流高峰发生的时间重复，二是乘客流向的重复。

在高峰客流方面，由于线网的客流高峰时间段基本相同，集中在工作日早晚上下班时段。城轨车站的客流控制几乎都集中在这个时段常态发生，部分线路的特殊行车模式——大小交路、不均衡运输等模式常态化运作。在乘客流向方面，车站客流按照车站周边区域的经济生活定位，呈现不同的流向特征，例如位于CBD的车站，上班出站人数多，下班进站人数多，而位于居民区的车站则相反。此外，连接城市核心区与郊区的线路，也容易出现固定重复的乘客潮汐现象。

运输客体的重复性决定了城轨运营单位可以通过一系列的分析，通过掌握客流的规律，制订一些有针对性的、可灵活实施的优化方案。

五、城轨运营管理的艰巨性

城市对城轨运营的依赖决定了其运营任务的艰巨。城轨运营是城市公共交通的重要组成部分，主要作为城市经济生活要素快速高效流动的纽带，城市居民对其服务具有较高的依赖性。对城轨运营需求的刚性与运营网络化导致的运营任务加剧，导致城轨运营维持高质量的、稳定的服务并不轻松，而乘客对于运营服务质量要求的不断提升更是让城轨运营面临的巨大的压力。

乘客将运营服务质量的不断提升视为理所当然，却对城轨运营服务质量的下滑产生明显的抵触。一方面，乘客对于运营服务提升的追求是永无止境的；另一方面，对城轨运营单位而言，即使不考虑投入与产出的有效性，光从硬性设备的基础条件和软性管理来说，运营服务质量可以提升的空间比较有限。这两个方面的冲突，共同决定了城轨运营的水平只能升而不能降。乘客满意度一直维持在一个区间内波动，安全、质量和服务的提升不一定能提升乘客满意度；若安全、质量、服务下降，乘客满意度一定会大跌，同时给城轨运营单位带来社会舆论压力和政府的监管压力。由于城轨服务质量只能提高、不能下降，这就决定了城轨运营的艰巨性。

从单线到多线，再到网络化运营，是一个从量变到质变的过程。城轨运营管理者只有先掌握了城轨运营的基本特点，才能应对城轨网络化运营带来的更多挑战。

第二节　从单线、多线到网络化运营的新挑战

在城轨逐步迈向网络化的过程中，城轨运营管理者除了要应对由城轨固有特性产生的种种问题，还有根据内、外部环境的变化，快速应对网络化运营产生的新问题。

一、新线接入与既有线网运营两头兼顾的挑战

在网络化的背景下，任何一条新线的筹备、运营，都不是一个局部的问题，而是一个全局性的问题，这使得城轨运营管理者面临着更大的压力与挑战。这主要表现在：

（一）既有线网运营与新线筹备的双重压力

随着城轨网络的完善，其线路的通达性得到提高，再加上固有的安全、准点、快

捷等优点，城轨运输的优势得到充分体现。城轨从一种“可选项”逐步变成市民出行的“必选项”，甚至成为一种生活的习惯。在这种情况下，城轨运营客流量不断加大，市民对城轨运营服务的依赖性很强，对其要求日益提高。

既有线网运营任务随着客流总量的加大在不断加重，而新线筹备任务的紧迫使得运营管理者很容易顾此失彼。如何平衡两端压力，在维持现有运营水平的同时做好新线筹备与开通工作，是所有运营单位管理者在此过程中必须面对的压力。这要求管理者要做到既能统揽全局，又能抓住关键要害。

（二）维持既有运营水平与提升新线开通水平的压力

对于广大乘客来说，他们已经逐渐接受和适应了现有城轨的运营服务。新线的开通水平，至少需要实现与既有线网相当的水平，甚至要达到更高的要求。这既是使新线和既有线网能力匹配的要求，也是运营单位对市民、政府的承诺。例如，广州地铁 2013 年底开通了六号线，这是一条为市民期盼已久的、为金沙洲“孤岛”居民解决出行问题的线路。经过客流分析，广州地铁充分考虑本线路周边市民出行的需求，结合线网各线路运输能力的相互匹配的考虑，通过不断优化开通方案，最后将开通初期的行车间隔，压缩到了 3 分 59 秒，实现了广州地铁历史上在线路开通初期的最小行车间隔。

（三）客流预测的误差对线网持续发展的压力

以单条线路沿线居民的需求为基础进行线路客流预测并开展设计与建设的传统模式，已经不能适应城轨运营与建设长期并存的要求。在过往的实践中，在城轨网络不断增加服务覆盖区域、提升服务便捷性的同时，新开通的线路会不断与既有线网产生客流交互，使得每一条新线的开通都会造成既有线路客流的大幅变化。例如，广州地铁一号线单线运营时，日均客运量长期徘徊在 17 万～18 万人，而目前已达到 110 多万人，比单线运营时上升了一个数量级。广州地铁三号线 2013 年的实际日均客流已有 146 万人，比 2017 年预测客流的 109 万人（2007 年客流再评估的数据）多出 34%。客流预测可能存在的巨大偏差，不但对新线自身设施设备的规划、设计带来不准确的预判，约束了新线未来的可拓展潜力，而且对维持既有线路的服务水平与设备设施的可靠性带来挑战，造成开通后不久就必须增购列车、扩建维修场地。这种由客流预测的误差造成的压力已经成为制约城轨运能合理有序升级的重要因素。

城轨车站客流疏导见图 2-1。

图 2-1 城轨车站客流疏导

二、网络化运营对安全质量保障的挑战

网络化运营的巨大的客流密度，给城轨运营带来了前所未有的压力，给城轨车站、列车运行带来巨大的安全隐患。据中国城市轨道交通协会的发布的统计数据，2014 年，北京、上海、广州城轨的每千米日均客流强度分别达到了 1.9 万、1.2 万、2.5 万人次，这种客流强度在全世界范围都是罕见的。

同时，由于线网是一个整体，牵一发而动全身，任何一条线路的问题，都有可能引发对相邻其他线路的冲击，甚至波及整个运营网络。城轨安全稳定运行的影响范围由局部扩展到整体，这对安全质量保障的要求更高。

在巨大的客流压力与线网彼此影响的情况下，如何维持连续的、安全可靠的运营服务，对于城轨运营管理者而言是个巨大的挑战。一般来说，城轨运营的安全质量保障受到社会反恐环境、社会综治环境、地铁设施保护环境等三个方面的影响。

（一）社会反恐环境

当前国内外恐怖袭击频发，形势较为严峻。城轨作为城市重要的窗口部门、人流密集场所，很容易成为不法分子的目标，必然面临着巨大的安全防控压力。城轨车站安保巡查见图 2-2。

图 2-2　城轨车站安保巡查

（二）社会综治环境

随着城轨线网的延伸，城轨车站周边很容易成为流动人员摆卖、卖艺和行乞的聚集地，治安环境也日渐恶化（图 2-3）。复杂的城轨车站周边环境，使得城轨车站周边环境的管理存在不确定性。

图 2-3　城轨车站周边环境

（三）地铁保护环境

网络化运营的覆盖面大，其线路建筑包括地下隧道、桥梁、高架等多种形式，存在着遭受不同形态的外部侵害的可能，如打穿隧道、船只碰撞、高架行车空间被侵入等。随着城轨线路的不断延长，其受侵害的风险越来越大，受影响面也越来越广。

要应对以上三个方面的影响，需要从社会、政府和企业层面综合考虑，在平衡安全与效益的基础上，形成长效的治理机制，满足城轨安全质量保障的要求。

同时，安全质量保障要求的提高必然带来高额的成本压力，但并不是所有的投入都能带来等效的安全效益提升。北京地铁因为在每个车站进出口安排X光安全检查仪（图2-4），并为此配备大量人手，每年由此产生的经费巨大。然而，早晚高峰期间的安全检查容易造成车站内外的拥堵，本来几分钟就能到达目的地，却因常态化客流限制等，使乘客至少需半小时，导致城轨“快速”之优势无法体现。此外，设施设备的投入以及维护维修对安全的影响也非常大，设备的增购或者维护维修计划的频率将直接影响故障与事故发生的概率，但即使是极大的投入，也无法完全避免相关事件的发生。因此，即使运营体系较为成熟的西方发达国家，也必须在安全与效益之间取得一个平衡。

图2-4 城轨车站站内安全检查

三、社会环境复杂化对突发事件应对的挑战

目前，国内社会环境复杂，各种因素都影响着城轨的安全运营。城轨属于城市公共服务设施，车站、车厢内人群密集，运行区间相对封闭，很容易成为一些不法分子的宣泄口。进入网络化运营阶段后，城轨车站众多，点多面广，人员复杂，更是难以做到风险集中防控。一旦在列车行驶区间内发生意外事件，恐慌很快就会在车厢

内部迅速扩散，并引发乘客的过激反应，引发手动解锁车门、无序进入轨行区等不可控行为，对乘客造成二次伤害。例如，全国各地城轨均出现类似的现象：列车上一些因小争吵、乘客因病晕倒、打架事件所造成的不安情绪快速蔓延，导致乘客之间的恐慌情绪相互传染，无秩序逃离引致混乱产生。

而在新兴网络媒体与社交平台的普及下，一些原本微不足道的事件，很容易被放大为公众话题。部分媒体对一些恐怖事件的持续传播，也容易将这些不安的情绪带到社会范围内。城轨其中一个站点或者一条线路的突发事件，经过媒体的报道后被放大为运营整体的事件，给城轨的运营带来了更多的不确定因素。

四、技术多样化对管理效能提升的挑战

技术的发展日新月异，城轨新技术与既有老旧设备、系统的之间的协调运作也存在很多的问题，各线路间很难实现互联互通，资源不能很好地共享。新技术的应用甚至会在一段时间内降低管理效能。例如，采用不同制式的设备零部件，由于其工作原理迥异，原技术体系受到冲击。又如，一个使用旋转电机客车的城轨运营单位，如果开始使用直线电机客车，不仅要在维修体系内增设新的工种，设置新的维修规程以及匹配相应的组织架构，而且还需要在有限的维修场地内配备相应的维修工器具，导致管理组织接口、设备接口的增加。同时考虑到部分系统之间的关联性，或是统筹监控的必要性，新老系统设备之间的信息传输接口与数据库的对接也存在软硬件兼容问题。城轨运营单位开展维修维护的基础数据收集、设备状态判断工作将在一段时间内变得更为复杂。

五、运营队伍急速扩张对能力传承的挑战

（一）人才需求总量的缺口扩大

按照运营管理规律，如果按每公里配置 60 人计算，到 2020 年之前，城轨行业对新从业人员的需求约为 21 万人，而教育部门仅能提供 11 万人，缺口超过 10 万人。而由于行业的专业性，内部人才培养资源有限，外部招募困难，人才缺口难以填补。

（二）人才梯队无法有序形成

在网络化发展进程中，各城轨单位大多出现节点式的开通里程翻倍、员工队伍

规模翻倍情况。广州地铁将在2016年、2017年密集开通新线，线网里程将从现在的260km扩大到520km，如果用每千米标准定员的计算方法预测，员工人数将近翻倍。这种员工队伍的高速扩张使得城轨运营单位无法形成一个结构稳定的、有序的人才梯队。

（三）核心技术力量相对不足

刚刚走出校园的新员工由于缺乏足够的实战经验和技能沉淀，为城轨运营带来安全隐患；大量新员工的加入进一步促使员工队伍年轻化，原有的技术力量也被稀释，不利于集中力量解决关键技术问题。

（四）人才培养难度加大

设备、系统的差异和线路投入运营的年限差异，都会带来新老设备、新旧技术协调对接的矛盾。同时，由于城轨专业接口、设备接口关联度高，新技术与新硬件的融合难，许多新增专业门类因此出现，容易出现员工培养难度大、专业间配合统筹效率下降等问题。

（五）综合管理人才需求紧迫

线网发展也给管理人员带来了新的要求，城轨运营单位越来越需要具有综合管理能力和素质的人才，否则将无法应对业务摊子大、专业跨度大和管理要求高的挑战。

六、业务发展对组织管理体系的挑战

在传统的运营业务模式下，管理组织体系一般以专业化分工为组织运作的主线，即负责车务与负责设备维修的部门各自分离，而专业部门再各自细化。例如，设备维修部门往往还细分为若干个大专业，数十个细化专业。这种模式对于处于运营初期的、线路较少的运营单位而言，较利于其专业能力的培养。但进入网络化运营阶段，这种模式也会显现出以下弊端：

弊端一：区域管理范围过大。

随着新线的陆续开通，城轨网络从城市中心区域开始，逐步扩展到郊区或周边的卫星城市。由于管理的地理跨度、业务跨度都很大，企业高层和各专业岗位的管理者都难以兼顾各个方面，更谈不上精细化管理。

弊端二：专业分工的协作难度大、效率低。

对于乘客来说，线路的顺畅和服务的质量是其关注的焦点，而城轨运营的内部运作是由各个专业相互联合而成，专业之间的接口众多，导致对乘客需求的响应速度慢。

弊端三：服务交付责任的主体不明。

专业部门只负责自身表现，不为线网整体服务的质量负责，缺乏对线网层面的统筹考量。运营管理层则需要直接统筹整体服务质量的交付，业务协调、决策量倍增，一旦某一环节出现问题，难以确定责任主体。

弊端四：绩效难以衡量。

由于绩效结果难以准确评判，容易导致缺乏适度、良性的竞争，使得资源分配大多只能依靠协调。以车务、车辆和通号等专业为基础的组织条块，实际上都只是“城轨运营服务”这个产品生产过程中的一部分，属于相互服务的内部关系。但由于各自的业务特点存在明显的差异，很难形成可量化且可对比的方式来进行横向比对，最终也就无法形成合理的竞争和激励机制。

考虑到以上种种弊端，网络化运营与线路运营的核心差异在于从线路运营阶段的服务、维修“二维模式”，转变为服务、维修、线路的“三维模式”（图 2-5）。在向这种网络化转型的过程中，既有的组织管理体系将产生重大的冲击。组织管理体系设计要考虑的核心，不仅仅是某一条线的运营效能问题，而是线网的整体效能问题。

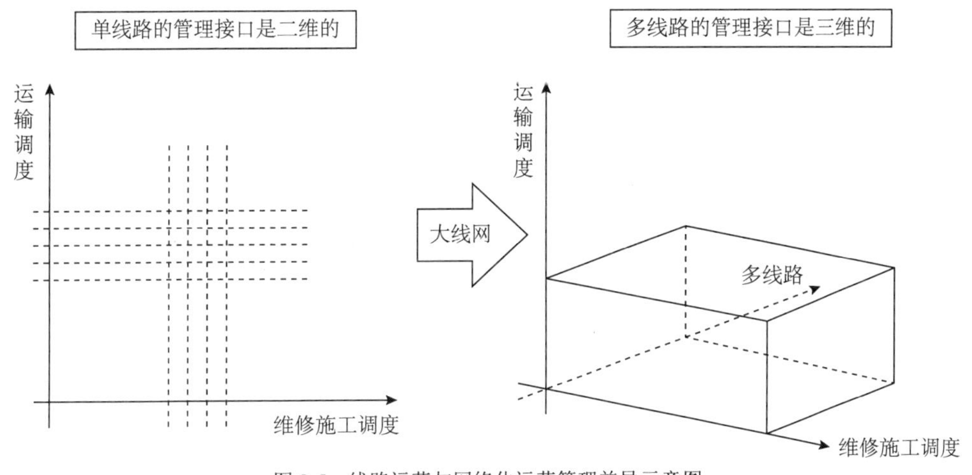

图 2-5　线路运营与网络化运营管理差异示意图

第三章
城轨网络化运营组织管理模式

第一节　城轨网络化运营组织设计理念

城轨运营的业务发展和组织管理，这两者就好比生产力和生产关系。创新网络化运营组织管理模式，就是以适宜的“生产关系”，来主动满足“生产力”的需求，而不是制约“生产力”的发展。在网络化运营阶段，城轨网络化运营的组织设计理念，可以归结为以下32字：顾客导向、服务社会；资源共享、协同发展；精简高效、责权对等；统筹兼顾、适度竞争。这“32字方针”，既充分考虑城轨运营的特有属性，又着重解决网络化运营的关键问题，适应城轨建设、运营、经营大发展的需要。

一、顾客导向、服务社会

城轨的服务，属于城市公共基础服务，具有明显的准公益性质，特别是进入网络化运营阶段，不仅仅提供一种运输服务，还承担了许多社会责任。例如，广州地铁形成了“全程为你”的服务链，将对顾客、社会的高度责任感作为运营管理的重中之重，明确城轨的宗旨和使命是围绕顾客的需求，而不是将业务驱动作为企业成长的动力，并在此基础上形成外向服务型的组织结构与行为模式。

简而言之，“顾客导向、服务社会”就是必须进一步明确服务交付责任，并推动责任下沉，提高对顾客、社会需求的响应速度，以顾客的体验、感受与评价成为衡量服务交付水平的标尺。因此，在业务运作模式设计过程中，要注意加大设备保障对客运服务的支持力度，强化“安全、准点、快捷、便利”的服务品质。

二、资源共享、协同发展

在业务量剧增与组织规模急速扩张的过程中，必须通过推动技术、人才、设备、物资、信息、知识在不同业务环节的共享，为城轨运营的高效运作、技术沉淀和成本管理奠定基础。

为此，城轨网络化运营要建立基础业务相对分散和管控功能相对集中的业务运作模式；构建对一线业务强有力支撑，有利于规模化运作、精细化运作的后台专业化支持系统；理清基础的运输服务与其他经营性业务的协同发展机制；要做好职能共享服务平台的建设，为城轨运营业务之间的联动与发展提供支持。

三、精简高效、责权对等

运营网络的扩大带来了组织规模扩充的客观需求，而组织体系的扩充，必须坚持“精简高效、责权对等”。

首先，为了提高管理效率、降低管理成本，城轨运营单位在组织架构及职责定位的设计上，一定要以“扁平化”为组织结构设计原则，平衡管理层级与管理幅度，尽可能减少中间层次，这样有利于迅速的决策以及高效的信息传递与反馈，提高沟通效率。

其次，要强化组织与组织之间、业务与业务之间的协作与联动性，保证整个网络的信息流通顺畅以及管理指令快速下达、响应及时，有效提升网络管理的效率和质量。

最后，城轨运营单位要根据不同业务属性的差异，权衡管理控制与效率提升之间的关系，实现精简高效；并确保各业务单位所承担的责任应当与其所拥有的权力相匹配。即在实际运作过程中，坚持集中管控与适度授权相结合，以提高效率、自主性和创造性。

四、统筹兼顾、适度竞争

在面对大线网运营时，运营管理者不可能做到面面俱到，更不可能做到“一竿子插到底”，而是需要总揽全局、科学筹划、兼顾各方和协调发展。对于整体线网的联动和运作需要统一策划、统一指挥和协调。城轨运营单位需做好线网资源的统筹分配，要确保城轨运营作为一个整体，实现对外服务标准统一。

而在业务运作和组织管理模式设计方面，城轨运营单位应遵循统筹兼顾、适度竞争原则，形成可比较、可衡量绩效的组织主体，构建适度竞争的运作与绩效考核机制，以激发自主性和创造性，达到“规定动作必须做，自选动作主动与创新做”的态势，促进运营效率与效益的不断提升。

第二节　城轨网络化运营组织体系的构建

一、构建区域责任主体，推动服务交付责任下沉

在城轨发展初期，只有一条或几条线路，这时候，“专业化”是城轨组织体系设计的基础。城轨运营单位大多采用了“专业化”的管理模式，对城轨运营实施管理：按专业系统类别及特征分别成立车务、车辆、通号、维修等生产模块，强化生产业务单元的组织体系，培育并形成专业化管理优势。这种业务运作及组织模式，是城轨行业的普遍做法。

以广州地铁为例，其组织体系的发展过程，也是从“专业化”起步的。首先，广州地铁在运营事业总部下成立了车务部、车辆部、维修工程部等。随着运营线路从1条增加到4条，为了分摊管理压力，进行了横向扩充，即以“专业化为主，区域化为辅”，业务部门分化为车务一部、车务二部、车辆部、维修一部（通号、工建）和维修二部（供电、机电）。而随着运营线路继续增加，形成车务、车辆、通号和维修四大专业中心，组织体系向纵向的层级增加，缓冲了业务量增大带来的压力。在此过程中，以“专业化”为基础的管理理念一直没有改变。

然而，如果以这样的“增量”设置方式来应对业务发展，势必使组织体系陷入一个不断膨胀的过程，显然不能从根本上解决问题。进入网络化运营阶段，代表城轨运营进入业务发展新阶段，“生产力”发生了变化，“生产关系”自然要随之调整。这时候，城轨运营单位管理的对象，应该从过去的“线路”，转变为“线网”，而把“线路管理”的责任下沉。

广州地铁对比了国内外很多城轨运营单位的做法，进行优劣分析，对整体运营网络进行区域划分，建立区域服务的完整交付责任主体——运营中心以进行区域化管理。各运营中心直接承担所辖线路的客运服务和前台设备保障的责任，既负责站务、乘务、票务、区域调度等车务运作，也负责所辖线路各专业设备的日常检修、维修保养及故障处理。这种管理模式有四大优点：

（1）明确了各线路的服务交付责任主体，对线网运营责任进行了有效的分摊。城轨运营单位决策层可以更加关注线网整体的、有效的统筹管理。

（2）减小了专业管理的幅度，更加聚焦于本区域内的精细化管理。根据过往实践经验，一个运营中心管辖的线路范围控制在 80 ～ 120km 之间比较合适。广州地铁在运营事业总部下共设置了四个运营中心，各自承担 260km 的线网运营；下一步，这 4 个运营中心将承担合计 520km、平均每个中心 130km 线网的管理。面对线网进一步扩展的挑战，可以通过增加相应的运营中心来分摊线网任务，形成可复制的模式。

（3）为了达到管理目标，各区域运营中心必须从内部强化客运服务和设备维保的业务协作关系，从而更快地响应乘客的需求。在这种定位下，运营中心进一步强化车站属地管理职责，优化现场作业与施工配合，重视人员效率的优化与现场响应速度的提升。通过组织架构优化的方式，将车站人员与乘客界面设备维修人员进一步整合，推动两大专业模块之间的支持与联动，实现属地范围内的资源共享以及快速响应。

（4）形成良性的适度的竞争关系。由于实现了以线路为对象的管理模式，各区域运营中心之间可以更加精准、有效地进行绩效评比。通过每个月的数据统计，在生产、安全、设备质量、服务和成本等方面进行量化评价，对中心进行绩效考核，有力地激发了良好的竞争意识。

二、构建前后台维修体系，培育核心能力与技术

一般而言，在线网形成的时候，部分早期线路由于开通的时间较长，已经进入设备老化的阶段，面临着大修的需要。线网运营必须考虑相关技术能力的储备，特别是核心技术。

为提升专业设备大中修及零部件精细维修的能力，需要掌握核心技术，节约维修成本。广州地铁的经验就是构建前后台的维修体系，把原有的设备维修模式，分离成前台维护加后台维修。在这一体系下，成立一个专业技术服务后台——基地维修中心，为各区域运营中心提供强有力的维修支持。前台的维护由各区域运营中心来负责，对所辖线路进行计划性的日常检修、维护保养和故障的快速排除，以区域化的模式提高响应速度，培养综合维保能力；后台的维修由基地维修中心负责，抽调各专业的大中修、零部件维修骨干力量进行支持，培养后台高精深维修的技术能力。同时，后台也为各个专业设备维护提供监测、设备检测、计量等共享服务。此

体系的建立,对于运营服务责任的承担、线网资源的共享和核心人才与技术的培养都有好处。

(1)这一体系有利于支持前台运营中心做好服务交付的责任承担。前台的责任,就是通过日常的精细维护与保养,保持设备稳定的状态,提供优质的运营服务。一旦故障发生,前台维护能够以更换维修为主的方式,进行故障的快速排除,从而恢复行车秩序。

(2)这一体系有利于线网大型设备的高效利用和共享。城轨运营设备包括网轨检测车、探伤车等在内的大型设备,单体价值高,由后台统一管理、提供服务,能够最大限度的发挥设备价值和专业优势。

(3)这一体系有利于形成资源共享的设备维修能力。在城轨运营过程中,对备件的需求巨大,占物资库存往往超过 9 成。而设备故障之后的备件,如果没有进行有效的返修再利用,将造成极大的浪费。后台的维修基地成立之后,将原来分属于车辆、AFC(自动售检票系统)、信号、机电等各专业的高价值备件,按照电子、电气、机械等进行了整合,形成规模化维修。对于设备的中大修,除了车辆架大修已经较为成熟,其他专业不管是自修还是委外,都亟需形成相应的技术能力。

(4)这一体系有利于人才梯队的差异化培养。在前后台体系下,运营人才培养与发展从过去单一专业的专家向运营综合管理专家转变,从过去城轨特定专业的专家向社会化专家转型。前台重点培育运输整体业务的综合性管理人员和一专多能的城轨综合性技能人才。后台则集中培育"高、精、尖"的专业技术与技能人才,电子、电气、机械等社会通用零部件的专业维修人才。因此,员工的职业发展空间及机会相对更多,能够为以后新线开通储备更多样化的人才队伍。

前后台维修体系的分工与发展方向对比见表 3-1。

前后台维修体系的分工与发展方向对比表 表 3-1

对　比	前台维护	后台维修
定位	在设备运行现场对设备进行的维护、保养	对搬离设备运行现场的设备零部件或整体进行全面的修复,同时兼顾大中修实施工作
目标	保证服务交付的快速响应、及时处置,确保在线设备的安全、可靠运行,满足乘客需求,培养综合化技能	整合维修资源,培育精细化维修能力,为城轨巨额资产增值保值提供技术支持,为前台提供大型抢险专业力量
主要职责	主要包括设备计划性及故障性维修(更换坏件为主,故障抢险的第一层响应)、保养工作	负责中大修,以及故障件的离线维修,统筹零件部件相关故障信息的分析、监测,推进科研技改,提供应急抢险的技术支持
人才培养	综合性技能人才(见前文)	"高、精、尖"的专业维修人才

三、集中管控线网运作，统筹与协调线网资源

随着线网不断延伸，城轨运营单位管辖里程越来越长，故障处理和应急抢险的快速响应难度越来越高，因此，整体线网的联动和协调统一的指挥起着关键作用。广州地铁在运营事业总部下设置了线网管控中心，对线网业务运作进行集中管控，以统一的指挥体系实现管控功能，达到线网联动、协调运作的目标。线网管控中心不仅可以优化运营模式，协调生产运作及应急组织，确保线网运营的安全、可靠、有序，而且可以合理规划线网运输，明确线网客运组织原则，统一服务标准，提供服务、票务、清分和信息化等管理及共享服务，为服务交付的顺利完成提供强大支持。

广州地铁采用“集中＋区域”的调度模式，能够强化线网与区域调度的联动。线网管控中心（COCC）主要发挥对整体线路管控、协调资源配置功能，起着对各区域控制指挥中心（OCC）进行分级管理的作用，见表3-2。各运营中心下设区域控制指挥中心，负责所辖线路的运营监控和指挥，对行车、电力、环控、维修、运营服务组织和信息收集等各环节进行集中调度指挥，并接受线网指挥中心的统一指挥。保证运营一线发生的状况能最快反馈至最高决策部门，各种决策同时也能最快地传达到运营一线，实现运营指挥的准确、连贯和高效。

COCC与OCC功能定位对比表　　表3-2

功　能	线网管控中心（COCC）	区域运营中心（OCC）
应急预案	牵头编制，组织实施	细化编制与实施
紧急突发事件	集权处置	分级负责
线网关系	协调各区域（线路）调度	协调本区域（线路）调度
地面交通系统关系	落实政府、单位交通决策，协调与地面公交系统的接驳	落实本区域（线路）地面公交系统的接驳
外联部门关系	代表城轨运营单位与政府相关部门协调，建立紧急突发事件联动机制	配合及实施
信息处理	代表城轨运营单位负责线网运作及应急信息的收集与对外发布	区域（线路）运作信息的收集与发布

四、优化新线建设与筹备，有效应对新线筹备压力

在网络化运营的发展阶段，运营管理者既要面对线网运营的巨大压力，也要积极做好新线的筹备开通。各个城市城轨新线建设与筹备的模式差异较大，这与各自的管理模式有着密切的关系。

广州地铁采用一体化管理模式，建设、运营、经营分工不分家，均采用事业部制，并且明确了建设为运营，运营为经营，经营为效益的发展思路。在建设与运营相互支持方面，广州地铁做了很多探索和实践，主要分成两个阶段：

第一个阶段，2007～2008年，借着专业中心成立的契机，建设单位主要保留土建、供电、机电及车辆段建设等业务，将车辆、通信、信号、AFC（自动售检票系统）和PIDS（乘客信息显示系统）等系统性的建设业务与运营业务进行了整合，划归运营单位管理。这实现了新线建设、联调、验交在人员、设备方面的共享和协同，加快了信息的沟通、筹备等方面问题的快速处理，为大规模新线建设与开通运营工作奠定了基础。实践也证明，这一做法，有力地满足了2010年亚运会前线路密集建设开通的实际需求。虽然运营单位肩负更加重大的责任，但最终的获益者也是运营单位，这就是在实践"支持别人，等于造就自己"的广州地铁运营文化。

第二个阶段，随着新一轮规划的出台，为了实现2017年开通520km线网的目标，广州地铁实施了运营组织变革，将原分散在各业务中心的车辆、通号、AFC（自动售检票系统）等新线建设及零星工程项目管理进行集中管理，成立新线建设与筹备中心，不仅负责对应专业的新线建设任务，还负责统筹运营筹备和运营单位的零星工程任务，把新线建设和筹备开通两个目标进一步统一起来，形成一个兼顾新线建设与筹备任务的完整责任主体。这种调整，可以使运营单位内部的新线业务组织定位与目标更加清晰，保证新线顺利开通，并为交付运营提供更好条件。

五、促进业务协同发展，发挥协同与经营效益

网络化运营不仅仅意味着区域的扩大、客流的提升、工作任务的增加，也意味着经营效益压力的增加。在线网扩展的过程中，部分属于规划引导型的线路，由于客流不足，在自身运营业务与经营效益较差的情况，一般来说，难以实现收支平衡，但站在整个城市的高度而言，"城轨是赚钱的，但城轨单位不一定赚钱"。因此，从一体化管理的高度来看，除了运营自身的成本控制之外，城轨运营单位还要谋求运营业务和经营性业务之间的相互支持，以达到整体效益的提升。

国内各城轨运营单位目前均在战略层面提出了"地铁＋物业"的发展模式，而在实际的运作中，容易受到宏观经济、政策法规、政府支持力度等多方面因素的制约。因此，在城轨行业自身更加可控的范围内，做好运营附属资源的开发、经营，就显得非常重要。

广州地铁把与运营有密切关系的广告、通信、商业等资源经营，以及物资经营业务，纳入运营的整体管理范畴，由运营事业总部管理，同时成立资源经营中心、采购物流中心，形成了"运输服务＋资源经营＋物资经营"三驾马车的业务组合，再通过

一系列的组织设计，为三大业务之间的联动创造条件，实现资源共享。

资源经营中心的定位是对地铁广告、通信、商业和文化产品等资源进行集中统一的策划、开发和管理，根据业务特点的不同采用不同的经营模式。其资产作为线路的附属资源，划入运营中心的资产。在内部关系上，以“统一目标”、“统一规划”和“资源共享”为原则理顺运输服务与资源经营的关系。第一，统一运输服务与资源经营的目标都是为乘客提供服务，以打造城市生活综合服务平台为共同目标，这就把运营服务与经营统一起来。第二，在线路设计、建设阶段就做好客运服务与附属资源的统一规划，避免在车站空间有限的情况下，服务设施与广告、商铺设置等出现“打架”的情况。第三，实现资源共享。广州地铁已经明确，属地上的广告、商铺等设施的维护、保洁、日常监管等，都纳入运营中心的属地管理范畴，使资源经营中心更加集中力量搞好开发、经营，做好各种资源的共享利用。

采购物流中心采用“一套人马，两块牌子”的运作模式，另一牌子为物资公司。这样，不仅能承接运营物资的采购、物流配送，也负责新线建设工程材料、机电设备物资采购等集成服务、物业开发装修材料的采购供应服务和建材等销售业务，作为整个广州地铁的物资供应平台，并积极拓展华南地区的城轨物资业务。

“运输服务＋资源经营＋物资经营”这三大业务，以服务地铁、依托地铁为基础，协同发展，创造效益。近几年来，广州地铁在不计提折旧的情况下，已经实现略有盈余，在自身形成“造血功能”。

第三节　城轨网络化运营的组织管控

一、组织管控定位及原则

如果说组织架构是搭建了一个网络化运营的“骨架”，那么，组织管控的思路就是网络化运营的“血肉”，调整了组织架构，必须配套实行新的管控模式。城轨运营单位的角色定位就是逐渐实现角色转换和能力转移，其核心思路是：从审批为主转变为监控为主；从事务管理转变为标准管理；从过程管理转变为结果管理。城轨运营单位可以遵循以下四大原则来进行管控模式设计。

（一）适度授权原则

在规范可控的前提下，城轨运营单位通过适度授权，把部分人权、财权、业务管理权限授予各业务部门，从而提高管理及运作效率，并随着业务部门自我管理能力的逐渐形成，逐步过渡到“大授权、强监督”。

（二）权责对等原则

各业务部门所承担的责任应当与其所拥有的权力相匹配；授权管理须充分考虑各业务部门的专业差异，实行差异化管理。

（三）重点监督原则

城轨运营单位加强监督和控制，确保授权事项按照正确的方向进展，并跟进进度和最终结果；以制度和规范建设作为事前监督的主要手段，在过程中通过审批、审核、备案、报告、汇报、检查和整改进行监控与把关，事后通过考核、评估、内部监督、内部审计进行监控与把关。

（四）有效激励原则

对各部门以结果为导向进行业绩评价，其结果通过资源配置与考核奖惩予以体现，鼓励各业务部门和员工更加积极主动地工作。

二、组织管控内容与模式

（一）业务管控

在业务管理方面，城轨运营单位的管控定位是发挥线网协作的统筹作用，把内部的管控业务下发到业务部门，推动责任下沉，主要管控以下内容：

（1）运营策划，统筹运营策略与模式，分析、提高运营能力与效率；

（2）线网监控，统筹协调线网资源，进行线网指挥、应急组织等；

（3）统一标准，统一服务标准、技术标准、票务策划、运作等，管理输出品质等。

下属业务单位的管控定位是对责任区内的业务承担主体责任，业务单位主要管控以下内容：

（1）计划管理，运输、生产计划编制等；

(2)生产协调,区域生产资源调配、事务协调等;

(3)质量控制,对线路安全运营、服务品质的管理。

(二)职能管理

在职能管理方面,城轨运营单位的管控定位是发挥整体经营的管理作用,对二级业务单位采取适度授权,主要管控以下内容:

(1)战略规划,发展战略、人力、财务规划,岗位体系与技能发展等;

(2)绩效管理,组织绩效、员工绩效指引;

(3)机制搭建,竞争机制、内部市场化机制的设计与落地;

(4)体系建设,含安全、技术、风险、合同等;

(5)资源配置,预算控制、统一招聘与跨组织调配等;

(6)共享服务,含信息技术、员工服务、物资等。

下属业务单位的管控定位是与生产业务相匹配的资源和能力,主要管控以下内容:

(1)人员调配,授权范围内的人员任免、调配、绩效;

(2)预算资源,总额控制下的局部调整;

(3)管理体系,规章制度、流程的建立完善;

(4)生产组织,一般性的技术决策及项目管理。

三、组织管控的配套机制

为了匹配业务运作模式,城轨运营单位应当制定内部配套运作机制来激发组织活力,提升业务运作及管理能力。

(一)适度竞争机制

采取适度竞争机制,即各区域之间、同类型单位之间形成相应的竞争关系,对不同单位,考察不同的维度:

对于运营中心,通过绩效表现,对比衡量行车质量、服务满意度、安全管控质量等业务管理水平;通过收入成本比、车公里成本、物资库存等,考量经营管理水平;通过月度生产安全例会、专项评估等,发现各区域、各线路之间具体表现的差异,对比查找原因并督促改进。

对于经营性单位,通过利润贡献、具体业务指标进行横向对比。

对于职能单位,通过决策支持度、关键职能管控结果进行横向对比。

适度竞争机制，必须辅以对应的激励，通过与年度工资总额挂钩、经营班子奖金挂钩、专项奖励，预算分配等方式兑现。

（二）内部市场化机制

采取内部市场化机制，即各业务之间的协作在清晰的责任界定之外，还要模拟内部市场模式，通过内部契约牵引、驱动服务提供。这类机制包括设备维护向客运服务提供服务，以支持客运服务交付达成；物资供应向内部各业务提供物资供应服务，以满足正常生产需求；运输服务协同资源经营，促进整体经营效益提升；基地维修中心为运营中心提供设备维修服务，等等。

推进基于价值创造的经营核算体系，可以通过细化经营核算单元，客观衡量各个中心、各个部门和各个班组的生产要素投入产出；推动适度竞争机制从区域下沉至区段、站点，从中心下沉至部门、分部和班组并匹配至个人，形成"千斤重担人人挑，人人肩上扛指标"的态势；通过价值衡量激发各级组织单元，尤其是基层组织的价值创造能力，让每个员工成为价值创造者。

同时，要突破部分核心激励机制，建立以市场化为主线的内部客户服务购买机制，确保组织之间的服务能够以货币化衡量；以组织效益为主线的经营绩效激励机制，下放部分核心资源配置的权力，例如员工奖惩的裁量权、员工岗位晋升的自主权等，加大激励力度；从产值评价为主线的员工绩效薪酬激励机制回归按劳分配的薪酬本源，例如，在委外维保领域，实行委外投入、监管投入与维保质量的"投入产出综合核定"，全面衡量工作绩效；在零部件维修等领域实行计件绩效薪酬，激发员工主动创造价值。

在实际操作中，组织绩效内部市场化模拟，主要以各单位的模拟契约形式，签订内部服务协议，模拟内部结算。例如，基地维修中心为运营中心提供设备大中修及部件维修服务，按所产生的实际效益计算作为收益；运营中心进行服务质量评价与验收，向基地维修中心支付服务费用。员工绩效内部市场化模拟，主要通过优化员工绩效的核定标准，打破面面俱到而缺乏实操可行性的传统做法，在遵章守纪、文化契合的基础上，选择重点业绩表现的量化指标，落实在月度、年度的绩效考核中，通过工资、绩效奖金予以兑现，见图 3-1。

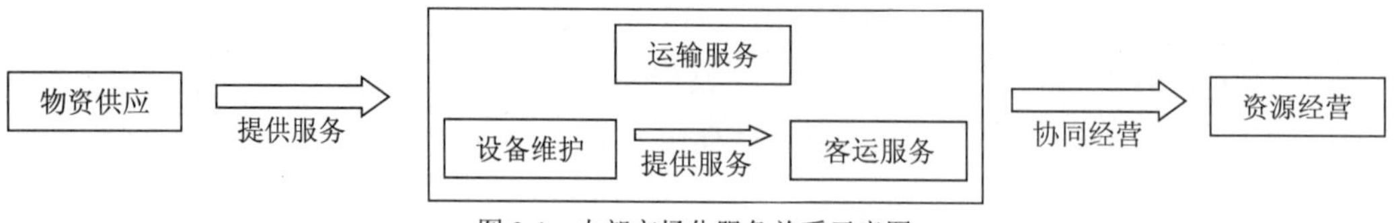

图 3-1 内部市场化服务关系示意图

第四章
城轨网络化运营的安全保障

第一节 城轨网络化运营的安全管控

从单线到网络化运营，城轨客流量逐步增大。对于达到几百万人运营规模的城轨运营单位来说，一个微小的故障带来的影响是难于预估的。因此，安全工作永远是第一位的，甚至可以说，安全是城轨运营单位的生命线。安全即是一切工作的基础和目标。对城轨运营来说，客运安全是目的、行车安全是核心、设备安全是基础、作业安全是保障。在安全文化建设上，广州地铁经过十几年的实践和经验提炼出一个理念："严格安全管理，是企业对员工的最人性化管理，是企业对顾客的最根本服务"。

广州地铁遵循"科技兴安"、"文化促安"、"铁腕治安"和"让安全成为习惯"的安全管理理念，具体做法有：安全工作做到"四个凡事"，安全事故事件调查处理坚持"四不放过"原则，重点强调"99+1=0"、"违章就是事故"、以"零违章"确保"零事故"；加强以作业纪律、劳动纪律、标准化为主要内容的"两纪一化"教育，对发生质量事故瞒报、未找到事故原因、违章施工和破坏设施等行为实行"五个零宽容"；全面辨识安全风险，重点抓好"事故十防"；以设备、设施的质量来保障安全，以规章制度来落实安全，以提高员工的素质、文化来促进安全，等等。

一、运营安全文化与制度体系

（一）"四个凡事"

"四个凡事"指凡事有人负责、凡事有人检查、凡事有章可循和凡事有据可查。为了确保运营安全与质量，确保运营管理人员遵守各项规章制度、按照程序进行安全生产作业，广州地铁提出"四个凡事"，以此作为日常安全工作中应牢牢遵循的基本原则。

其一是凡事有人负责。没有落实责任人的工作是无法顺利推进的。城轨运营单位要通过推行项目负责人制度、健全《岗位责任制度》和《工作流程标准》，落实"凡事有人负责”，让每一个项目都有人全面负责。由此，只要凡事有人牵头，就意味着有人落实，过程有监控，质量有保证，这利于工作顺利开展。

其二是凡事有人检查。俗话说：“老虎也有打盹的时候。”在内容繁杂、千篇一律、周而复始的工作中，即使操作人员再认真做一件事情，也难免存在失误或隐患。这就需要有其他人对这项工作进行检查，及时发现可能出错的地方。同时，检查与监督能够强化员工的质量意识、责任意识，对于确保整体工作质量具有非常重要的作用。每一项工作、每一道工序、每一个环节和每一个细节都有人检查是达到最优工作质量的重要保障。

其三是凡事有章可循。常言道：无规矩不成方圆。只有建立全面成体系的规章和制度，完善考核制度，才能使城轨运营管理工作中的人、事、规章、零部件都得到控制。这种体系制度建立的目的是：一方面划分工作内容，界定职责权限，描述任职要求，确定工作规范；另一方面明确用谁、做什么、何时、何地、怎么做、完成时间等工作细节，其主要内容涵盖操作规范和工作质量标准等方面。

其四是凡事有据可查。有据可查作为以后判断现在工作是否正确的重要凭证，也是进行问题反查、责任追究和持续改进的依据。如果达不到凡事有据可查，一旦出现问题，将无法进行原因分析、责任追究和问题整改。因此，工作过程有效的记录和数据保存也是工作能够总结经验、持续改进的基础。每一项工作、每一道工序、每一个环节和每一个细节都要做到有据可查是工作质量的重要保证。

（二）“四不放过”

“安全无小事，小事当大事，事事抓落实，确保不出事”。城轨运营单位在运营安全事故的应急处理上，必须要做到事故原因没有查清不放过、事故责任者没有严肃处理不放过、相关人员没有受到教育不放过、防范措施未落实到位不放过的“四不放过”原则。

具体到生产实践中，就是要坚持查清原因、分析事故全过程；要进行耐心细致的思想教育和精神感化工作；以“惩前毖后、治病救人”为目的追究事件（事故）直接责任者的责任，采取措施以防止此类差错重演，杜绝后患。

城轨运营安全文化的提倡和“四不放过”原则的提出顺应了历史发展的总趋势。城轨运营单位要正确理解和协调安全文化与“四不放过”的关系，将运营安全文化的概念及其深层次理论有机地同“四不放过”原则联系起来，建立并不断完善城轨的运营安全文化和“四不放过”的深层次管理体系，不断形成自我约束机制，不断提高从业人员的思想素质、心理素质、安全文化意识和专业技术素养，严格按照“四不放过”

的原则做好运营的安全运行和安全生产工作。

（三）以“零违章”确保“零事故”

安全管理中存在一个“习惯性违章”的问题。所谓习惯性违章，是一种人们长期生活中逐渐养成的，被普遍认可的，一时不容易改变的，经常性地违反有关安全生产客观规律和制度的行为和倾向。它包括习惯性违章指挥、习惯性违章操作两种性质，属于两个层面的违章。对于城轨安全生产来说，由于习惯性违章造成的事故严重性是无法估量的，习性惯违章是安全生产的大敌，也是造成各类事故的主要祸根。

思维决定观念，观念决定行动。安全文化的形成需要安全意识的的不断渗透。因此，杜绝违章就应该从员工的思想认识抓起，提高城轨安全性就应以人的思想认识为对象。城轨运营单位应从体系建立、文化建设、教育培训三方面全面入手，全面树立员工的安全意识；通过逐渐完善各项规章制度，加强安全管理，深层次地挖掘造成习惯性违章的原因和后果，坚决杜绝习惯性违章。

广州地铁各专业的工作人员按照 OHSAS（职业安全健康管理体系），通过风险控制、风险评估等措施来进行安全管理。首先，建立安全责任追究机制，完善安全绩效考评，加大安全奖惩力度，将安全生产完成情况作为每层级的绩效考核、岗位晋升考核标准之一，真正做到纪律面前无人情，安全面前“零宽容”。此外，由于教育培训是安全生产的治本之举。广州地铁根据各岗位工作的性质，将安全教育培训分为入职培训、在岗固定培训、动态演练培训三类，将安全意识教育贯穿于员工的工作和生活中。

（四）“难免论”与“不难免论”

1.“难免论”的实质

所谓“难免论”，是指由于城轨具有公众性和较强的专业性，受四大方面各个要素——人、机（设备设施）、环境、管理的影响，偶尔发生小的故障在所难免。像广州地铁，由于近几年的迅速发展，线路急速扩张、设备大量增多、人员大幅增加。这些对单位的日常管理，尤其是给安全生产工作带来了更大的风险和更多的不确定性。车务、调度部门在城轨运营过程中，要时时刻刻存有危机感，认识到事故发生可能性，并提前做好一切应对事故发生的准备。而车务和调度人员，要在日常工作中学会换位思考，提前预想，增强安全意识，未雨绸缪地做好各项事故应急预案，以确保在第一时间把故障或事件对市民出行的影响降至最低。

然而，城轨运营单位以正确的态度应对安全事故的同时，要认识到这种“难免论”实质是“事故无责论”，即把安全事故发生所有的原因都推给客观事实，甚至把偶尔的责任事故也当成是非责任事故。在实际运营工作中，如果由于从业人员工作的疏忽导致了延误或故障事件而影响乘客出行，抑或由于操作失当危及乘客安全，这些事件会为城轨运营单位带来社会各方面的压力，不能用简单的“事故难免论”去推卸责任的。因此，将事故发生的原因全部归属于客观情况的“难免论”，是安全生产过程中的一种“危言”。

2. 安全事故的“不难免论”

“难免论”的反面是“不难免论”。“不难免论”实质是指事故通过努力可以预防和避免，事故的发生是由人的不安全行为和物的不安全状态的共同导致的，事故的控制预防关键在人。根据海恩法则，每一起严重事故的背后，必然有 1000 起事故隐患、300 起未遂先兆以及 29 次轻微事故。它说明任何一起事故的发生都是有原因的，并且是有征兆的，同时也说明安全生产是可以控制的，安全事故是可以避免的。

因此，城轨运营单位每位员工必须要牢固树立“问题意识”，以“发现问题是能力，解决问题是水平，掩盖问题是渎职，回避问题是无能”来严格要求自己。在城轨运营过程中，每一位与运营安全相关的人员要首先在思想认识上克服事故“难免论”。例如车辆、设备部门在运营维保过程一旦遇到事故，要从主观上找原因，反复挖掘问题深层次因素，敢于负责、勇于担当，不断通过精检细修有效避免安全事故，以绝对安全作为工作质量目标。

虽说“智者千虑，必有一失”，但“愚者千虑，必有一得”。对于安全管理的思想工作而言，要时刻将安全事故的“不难免论”贯彻落实，时刻警惕每一个影响城轨安全运营的可能性，将故障与事故的发生的可能性和影响降至最低。

（五）“两纪一化”教育

广州地铁一直坚持用“铁的手腕、铁的心肠、铁的纪律”来治理安全，确保安全运营，加强以作业纪律、劳动纪律、标准化为主要内容的“两纪一化”教育。同时，通过制度保障，确保作业纪律、劳动纪律从严落实。严格执行“两纪一化”是广州地铁保障运营安全、提高运营服务质量的需要，也是广大员工维护自身安全的保障。“两纪一化”教育包含以下内容：

1. 完善管理体系，促安全管理工作标准化

广州地铁引进职业健康安全管理体系，并于 2005 年 7 月通过认证，通过危险源识别、风险评价、风险控制的循环，建立起动态安全管理体系，积极推行“三标合一”，即职业安全健康管理体系（OHSAS18001）、质量管理体系（ISO9001）和环境管理体

系（ISO14001）的贯标工作，促进安全管理工作标准化。

2. 坚持“治、控、救”结合，用制度保障纪律落实

广州地铁坚持安全管理标准化、规范化和评价经常化。通过对影响运营安全的所有设备设施、作业程序和生产环境进行摸查、汇总和评估，查找出十类重大危险，编制“事故十防”。在“事故十防”的基础上，制定《安全关键点》、《安全风险控制表》、《安全防范措施》等标准文本，并建立完善的整改档案，长期跟踪。在管理上落实安全生产责任制，建立健全安全规章制度，夯实安全管理基础，建立“横向到边，纵向到底”的全员、全方位、全面的运营安全管理网络，保障劳动纪律、作业纪律的落实。

3. 抓好“事故十防”

（1）防止人员误进轨行区、违规携带危险品进站乘车。

（2）防止错办进路、错发调度命令，未确认信号、道岔、进路动车。

（3）防止列车超速运行、错开车门、开门走车、夹人夹物走车。

（4）防止列车冲突、脱轨、追尾、冒进信号。

（5）防止车辆制动系统失灵、悬挂装置脱落。

（6）防止道岔失控、信号显示错误。

（7）防止接触轨触电伤亡，接触网（轨）错送电、漏停电。

（8）防止发生弓网事故、轮轨事故。

（9）防止感应板、电机超限，施工清场不彻底。

（10）防止重点部位火灾及消防联动设备失效。

4. 完善应急救援体系，提高应急处理能力

广州地铁形成了包括完善预案、演练、指挥系统的应急救援体系。在总结城轨同行经验教训的基础上，根据自身的特点，编制了《突发事件总体应急预案》，制定了18 项专项应急预案和 41 个突发事件应急处理程序；持续开展演练，提高员工应急处理能力；成立线网应急指挥中心，协调整个线网的应急救援指挥；优化救援基地和值班点的设置，培养专业应急抢险队伍；还与公安、消防、医院、公交等有关部门和社会力量建立了反应迅速、保障有力的城轨运营应急救援机制。

5. 培育乘客良好的安全乘车习惯

广州地铁还将运营安全文化向乘客延伸，大力向乘客宣传安全文明乘车的理念与知识，培养乘客良好的乘车习惯。广州地铁多渠道、多形式对乘客进行安全意识的灌输：一是宣传载体的多元化，利用地铁电视、列车看板、公益广告、官方微博、外部媒体资源主动宣传贯彻安全文明乘车理念；二是通过与外部合作共建，开展丰富

多彩的活动，实现资源共享，达到向市民普及安全文明知识的目的；三是举办地铁开放日，邀请乘客亲身体验地铁安全。此外，广州地铁还不定期自行举办各种围绕“安全、文明”主题的活动，广泛邀请乘客参与，以活动的形式达到宣贯安全文明理念，普及城轨安全常识的目的。

二、运营安全风险管理

城轨运营的事故或风险是运营系统四要素：人、机（设备设施）、环境和管理存在缺陷或不匹配造成的。要控制运营风险，就应从这四个方面入手对其进行安全隐患因素辨识，以此为城轨运营安全评价和风险评估提供基础，进而采取相应的风险控制措施，确保运营安全。

（一）安全风险评价与识别

安全风险评价与识别是指通过安全评价对危险因素进行定性、定量分析，评析存在的危险因素的数目、分布、发生概率和严重程度，提出预防方案及应采取的安全措施、对策等，最后根据评价结果从中选择最优方案，做出管理决策。

广州地铁风险评价主要参考国家相关法律法规及评价标准、以往发生的事件资料、同行业发生事件的资料、监测和测量结果、员工的意见等，从事件后果严重程度（S）和事件发生的可能性（L）两方面进行评价，以此评估风险程度。如表 4-1 所示，将风险分为 5 级：从第 I 级到第 V 级，风险程度逐层递减。

风险等级划分 表 4-1

风险级别	风险严重程度
第 I 级	极其危险（特别重大风险隐患）
第 II 级	高度危险（重大风险隐患）
第 III 级	中度危险（较大风险隐患）
第 IV 级	一般危险（一般风险隐患）
第 V 级	可接受的危险（轻微风险隐患）

广州地铁每年开展一次危险源辨识和风险评价的工作。组织各中心对不同线路的车辆、线路、供电、机电、通信信号、运营运作、运营沿线、特种设备及特种作业、自然灾害、公共卫生、社会治安、乘客不安全行为等 12 大系统发生事故的可能性和严重程度进行危险源的辨识与风险评价，对辨识出来的中度及以上风险在运营总部内部发布，中度以下的风险在各中心内部发布。

（二）安全风险的管理与防范

各城轨运营单位可以委托有资质的第三方安全咨询机构对城轨建设、运营安全风险进行评估咨询，识别安全风险及其重要程度与发生频度。对识别出的中度以上风险，明确责任部门及责任人，通过督促各级员工认真学习各类规章、操作规程和应急预案，并辅以日常及专项安全检查的方式，检查风险管理措施的落实情况，并对发现的问题及时组织整改，有效防范安全风险。

三、运营安全管理标准化建设与评估

（一）运营安全标准化体系的内涵

安全标准化体系，是指通过建立安全生产责任制，制定安全管理制度和操作规程，排查治理隐患和监控重大危险源，建立预防机制，规范生产行为，使各生产环节符合有关安全生产法律法规和标准规范的要求，人、机（设备设施）、环境和管理处于良好的生产状态，以不断加强和持续改进企业安全生产规范化建设。它包含安全目标、组织机构和人员、安全责任体系、安全生产投入、法律法规与安全管理制度、队伍建设、生产设备设施、科技创新与信息化、作业管理、隐患排查和治理、危险源辨识与风险控制、职业健康、安全文化、应急救援、事故的报告和调查处理、绩效评定和持续改进 16 个方面。

城轨安全生产标准化体系建设工作采用“策划、实施、检查、改进”动态循环的模式，依据国家、行业相关要求，结合自身特点，建立并维持安全生产标准化系统的运作；通过自我检查、自我纠正和自我完善，从而建立安全绩效持续改进的安全生产长效机制。其构建实行企业自主评定、外部评审的方式。城轨运营单位应当根据国家、行业相关标准和细则，对本单位开展安全生产标准化工作情况进行评定；自主评定后申请外部评审定级。安全生产标准化评审分为一级、二级、三级，一级为最高。安全生产监督管理部门对评审定级进行监督管理。

安全生产标准化体现了“安全第一、预防为主、综合治理”的方针和“以人为本”的科学发展观，强调企业安全生产工作的规范化、科学化、系统化和法制化，强化风险管理和过程控制，注重绩效管理和持续改进，符合安全管理的基本规律，代表了现代安全管理的发展方向，是先进安全管理思想与我国传统安全管理方法、企业具体实际的有机结合，能够有效提高城轨运营的安全生产水平，从而推动我国安全生产状况的根本好转。

（二）运营安全标准化建设的作用

（1）作为确定运营安全生产责任主体的必要途径。国家有关安全生产的法律、法规和规定明确要求，要严抓企业安全管理，实现安全全面达标。企业是安全生产的责任主体，也是安全生产标准化建设的主体，要通过加强企业每个岗位和环节的安全生产标准化建设，不断提高安全管理水平，促进企业安全生产主体责任的落实到位。

（2）形成运营安全生产基础工作有效进行的长效制度。安全生产标准化建设涵盖了增强人员安全素质、提高装备设施水平、改善作业环境和强化岗位责任落实等各个方面，是一项长期的、基础性的系统工程，有利于全面促进企业提高安全生产保障水平。

（3）为政府实施安全生产分类指导、分级监管提供重要依据。实施安全生产标准化建设考评，将企业划分为不同等级，能够客观真实地反映各地区企业安全生产状况和不同安全生产水平的企业数量，为加强安全监管提供有效的基础数据。

（4）确立有效防范事故发生的重要手段。深入开展安全生产标准化建设，能够进一步规范从业人员的安全行为，提高机械化和信息化水平，促进现场各类隐患的排查治理，推进安全生产长效机制建设，有效防范和坚决遏制事故发生，促进企业安全生产状况持续稳定好转。

（三）运营安全管理标准化建设的内容

城轨安全生产标准化建设包括科学系统的目标管理模式和管理体系建设模式，它要求城轨运营单位分析生产安全风险，建立预防机制，健全科学的安全生产责任制、管理制度和操作规程，保证各生产环节和相关岗位的安全工作符合法律法规、规章规程和标准，并持续改进，控制生产安全风险，使城轨运营单位始终处于安全生产的良好状态。安全生产标准化建设，从内容上看，是具有战略性系统整合能力的动态管理过程，是促进企业建立安全生产长效机制的有效途径。

城轨运营的安全标准化体系建设工作应包括四大基本内容：

1. 以明确目标为始，整合企业资源

要做好运营安全生产标准化工作，首先要确定目标和理念，整合企业资源，将运营安全提升到企业战略高度。

树立安全管理理念，是安全生产标准化的最终目标。安全生产标准化体系的建立，应突出“安全第一、预防为主、综合治理”的方针，把以人为本作为建设宗旨，注重

科学性、规范性和系统性，立足预防事故、危害辨识、风险评价、隐患治理、风险管理等，充分体现安全与效益、安全与健康、安全与环境之间的内在联系，并与生产经营单位其他方面的基础管理有机结合，通过制定、传达、评审、修订、识别、提升、跟踪和沟通等方式，逐步实现组织战略。

安全生产标准化与传统的安全管理本质的差别在于战略的关系不同。传统的安全管理是一个相对独立的系统，通常与组织战略、组织文化、管理者的承诺和支持等相脱离。因为这些组织中的背景要素对于成功实施安全管理的影响越来越大，安全管理必须能够衔接组织战略和企业日常管理。安全生产标准化体系建设能够完成这一任务，将企业所有的资源整合在一起，实现安全与效益、安全与健康、安全与环境的和谐统一。

2. 巧筑动态循环，联通沟通全程

安全生产标准化体系是一个动态循环的管理系统。安全生产标准化体系是由若干个元素组成，这些元素又划分为若干子元素，是根据系统原理和持续改进的要求，引用管理学中 PDCA 模型（Plan-Do-Check-Action，计划、执行、检查、处置）循环进行动态管理。

PDCA 循环可以使我们的思想方法和工作步骤更加条理化、系统化、图像化和科学化，代表质量管理的基本方法。安全标准化各子元素在策划、执行、符合、绩效四个方面都有自己的 PDCA 循环，形成大循环套小循环，小循环中包含更小循环的模式。这些循环把企业安全生产管理的各项工作联系在一起，协同促进运营安全管理。

安全生产标准化体系是一个全程沟通的管理系统。安全生产标准化建立了一个高效的沟通平台，贯穿整个安全生产标准化管理系统，形成一个闭环，使得问题能够有条理、按程序地解决。安全生产标准化体系的沟通系统能充分发挥员工的聪明才智，使员工能主动参与管理，积极提出意见和建议。

3. 建科学评价体系，促员工潜能发挥

安全标准化的全面评价功能，有效塑造了企业员工的精神面貌。安全生产标准化评定的实质是对运营安全管理的全面评价，涵盖城轨运营单位所有运营生产经营活动和人员。安全标准化的评价功能改变了传统安全管理中模糊定性认识的评价方法，引入了新的准确定量认识的评价方法，全面掌握了企业的安全现状，使安全管理工作尽快转移到以危险预防、预控为中心的现代化安全管理轨道上来，实现对危险的有效控制和对安全管理的持续改进，使企业在人、机（设备设施）、环境和管理等环节处于良好的运行状态，为企业安全管理精细化打下坚实的基础。

实施安全生产标准化有利于员工潜能的充分释放。通过安全标准化体系的有效运行，开展全面的安全评价，使职工的潜能被激发出来。安全标准化体系对员工的培训不生硬，员工不是填鸭式的被动接受，而是人性化、自愿地接受，并积极主动地参与管理，员工安全意识和素质得到提高。

4. 借员工之合力，落实安全目标

安全标准化对全员参与的要求，体现了标准化建设过程中员工素质的提升是跨越式的，达成的安全绩效是显著的。安全标准化是一个系统工程，从管理层到普通员工，两者在安全标准化运行过程中均有不可替代的作用。标准化的建设工作不是一蹴而就的，要长期不懈努力。在系统运行过程中，能有效检索出薄弱环节，发现问题并及时修正，保证全体员工能力的有效提升。安全标准化的良好运行，能够确保企业员工每天做好每一件事，能够真正达到全员、全过程、全方位的安全管理要求，形成横向到边、纵向到底的安全管理状态。

第二节　城轨网络化运营设备质量管理

城轨致力为乘客提供“安全、准点、快捷、便利、舒适”的乘坐体验，而设备设施的安全管理正是这一城轨安全运营目标的基础保障。

城轨运营所涉及的专业多、系统技术复杂、接口多，要在运营过程中，保证这一庞大的“联动机”的有效运行，需要通过实施良好的生产管理、制定可靠的运行机制和相匹配的检修规范及技术标准，以保证设备安全、可靠、高效地运行。进入网络化运营阶段，由于设备设施的数量、新技术的采用和系统接口的倍增，设备设施的质量管理工作也变得更为困难。城轨运营单位必须要推进一场检修的变革，逐步实现设备、设施的检修从计划性检修过渡到周期性检测、状态维修、限制管理、寿命管理，最终实现可靠性维修。要实现状态维修，甚至可靠性维修的前提条件是：一要员工的检修能力与素质较高；二要检测机具的现代化、信息化（如设备、设施等在线监测系统）。

一、设备质量管理的标准化

要实现设备质量管理的规范化、标准化，需要采用“三定”、“四化”和“记名修”的管理手段。

（一）“三定”

“三定”就是定设备、定人(班组)、定检修周期与内容,确保设备质量“有人负责”。

一定设备,即在组织职责明确的基础上,通过确定设备设施的专业划分,明晰各专业维修责任的职责范围及分界点,从而明确设备设施的维护职责。

二定人（班组）,即针对专业划分,进一步结合岗位职责、维修模式,细分设备的维护责任人（工班）,落实维修责任到人,做到每个设备“有人管,有人修”。任何设备,即使只是一个简单的交换机,也要将设备的编码、维护工程师、维护的责任人明确,并在设备上进行标注。

三定检修周期与内容,即为设备质量建立健全技术标准体系和检修工艺,确保各专业维修责任人能实现规定的检修周期和工作内容,无论设备委外还是自修,都严格按照标准实施检修。

（二）“四化”

运营设备质量管理的“四化”包括四个方面:作业制度化、质量标准化、检修工艺化和检测手段现代化,做到设备检修“有章可循”。

作业制度化需要城轨运营单位实施严格的生产管理制度,保证作业计划的落实,并在作业过程中严格事前、事中、事后的各项安全、质量控制措施,确保作业的顺利实施。

质量标准化的实现需通过技术标准的编制,确定各项设备检修需达到的标准、关键测点的量值标准,以确定检修后应达到的标准。

检修工艺化则要求各专业健全检修工艺卡,规范检修过程中的工艺。

检测手段现代化目的在于通过自动化监测系统、网轨检测、技防设备的投入,提高设备预防性监测的能力以及设备的不良状态自检率,有效地防范不良状态影响范围的扩大、减少维修耗时、提高维修效率。

（三）“记名修”

在运营设备质量的检修过程中,要记录好检修人员和复检人员的名字,要规范检修记录的填写、管理,并执行自检、互检、他检等控制措施的记录保存,以便做到“凡事有人检查、凡事有据可查”。

二、运营设备维修精细化

随着单一线路运营向网络化运营的变化，数据分析方法和手段的不断进步，使用原有的记录、分析和传递信息的方法已无法满足需要。因此，要通过建立信息系统，实现维修管理、质量分析和控制，保障运营设备的质量。广州地铁通过设备维修管理系统，实现了设备维修的精细化，此系统的主要功能如下：

第一，组织计划修作业的任务，这包括：

（1）以单体设备作为最小的作业管理对象，每个作业管理对象都包含了工序、人工、物料、工具等内容；

（2）实现对计划修作业的组织管理；以多层级结构支撑作业任务包，可以形成多层级的设备电子履历；

（3）依据检修工艺要求，形成计划维修规程配置，作为生成计划修工单的数据来源。

第二，利用系统实现检修计划管理，指的是充分利用 Excel 的易用功能提供简便的排程方式，完成计划修为主，含故障修等需要计划排程的任务，并提供月度计划任务的排程执行和进度跟进管理，保证每项计划可追踪到单台设备作业情况。

第三，对故障代码与服务承诺的进行管理，涵盖以下内容：通过故障代码与服务承诺时限结合，实现服务承诺管理；根据故障问题和原因设定响应和完全修复时间要求；利用邮件对超时工作进行督办。

第四，实现设备维修的现场作业管理。首先，将层级结构的工单，任务对象细化到单体设备，以及单体设备任务相应的工序、物料、工具、人工；接着，使用手持终端除常规现场信息记录，现场拍照、录像取证；最后，通过维修管理系统，固化检修标准、工艺，实现数据电子化、信息化，并且能按照既定的分析方法、模型进行数据的分析，有效地实现了信息的共享，在维修标准化、规范化的基础上，促进维修精细化的实现。

三、运营设备质量的评价体系

在有效的运营设备质量系统之外，要通过建设通过运营设备质量的有效评价体系，对城轨运营设备进行经常性评估，及时发现设备故障的变化趋势，提早做出预警并制订改善措施。设备质量的评价体系对于可靠性数据的收集，还可以应用于分析评价设备的技术状态，为系统设备从计划修逐步过渡到状态修以及设备改造、更新提供有效的数据支持。

针对城轨设备设施的运行标准相对不完善的情况，质量评价更多是依靠经验的积累，没有公认的准则。一方面，城轨是一个由多专业集成的行业，其中各专业设备的质量很难用同一个标准度量；另一方面，不同专业在整个运营系统中所处的位置和设置目标也有所不同，对整个运营产生的影响也不尽相同。所以，在进行运营设备质量评价时，有必要建立符合顾客需求的设备运行质量标准（如与正点率相关的平均无故障时间、售票系统的可用率、照明亮度等），同时，要考虑各专业的特点，结合专业系统设备在整个运营的系统中所承担的任务，对运营系统进行整体综合分析。

城轨运营单位可以通过收集、分析运营设备表现数据，建立了基于设备故障率（可靠性）及故障影响程度的设备质量评估模型，结合自身运营经验建立了可靠性标准，用于对设备质量进行评价。在评估时，需要充分考虑设备本身的故障情况，并重点关注对运营产生较大影响的失效事件，将可靠性计算结果、故障影响程度事件进行指数化处理，形成量化并且可比较的结果，用于评估设备在一段时期内的运行表现。

（一）评价维度一：可靠性分析

可靠性关注设备本身的运行情况，即“产品在给定的条件下和在给定的时间区间内完成要求的功能的能力”，参见《电工术语可信性与服务质量》（GB/T 2900.13—2008），通常用平均无故障时间或故障率表示。在给定的条件保持不变的情况下，可靠性主要考察失效状态（故障）与时间的关系。其中，“时间”，实际上是一个与时间相关的数，对不同的系统可以有不同的定义，它可以是时间、里程，也可以是循环次数。如：对于城轨车辆可以用走行公里，屏蔽门设备可以用动作次数，电力设备可以用运行时间等。例如，对于可修复系统设备，通常是用两次故障间隔时间的变化情况和维修过程的统计数据对其进行可靠性评价的。

（二）评价维度二：故障影响程度

现代的质量观念认为，产品的质量特性是满足用户使用要求的特性综合。可靠性分析满足了对运营服务性能稳定的要求，但同时，城轨运营质量评价还与故障发生频次相关，所以城轨设备质量的评价体系还需要考虑故障对正常运营的影响程度。故障影响程度分析关注的是故障对运营服务的影响。在可靠性分析的基础上，其重点关注对运营服务有重要影响的故障数据，可以使得出的评估结果将更有针对性。

故障影响程度的分析，可以根据所评价设备的用途（如用于行车安全、用于乘客界面、用于安防等），结合故障发生后的影响程度，将其分级，针对不同等级的故障设置不同的可靠性标准，在分析中重点关注有重大影响的可靠性指标达成情况。此外，故障影响程度的评价，除了重点考虑维持运营服务外，还应考虑设备故障对城轨整体安全的影响、对其他设备完整性及可用性的影响。

综合考虑故障影响程度，首先需要定义的就是“影响程度”。不同地区的城轨运营单位，因其所面对的相关方要求不一，所能接受的影响程度也不尽相同，因此所设计的统计口径、故障等级也不完全相同。例如：造成延误的设备故障统计，有的运营单位以 2min 以上为统计口径，而有的则会只关注 5min 以上的延误。因此，各城轨运营单位可以结合自身实际条件，对“影响程度”进行合理定义。

（三）评估模型

由于运营专业、设备种类众多，在此不对城轨设备质量管理评价体系的评估模型进行一一列举，下面只以车辆专业为例，阐述城轨运营的评估模型建设。

首先，车辆专业的评估模型从列车设备运行指标体系，对设备涉及的运营基础数据进行收集，车辆运营的基础数据就集中在车厢数量、运营里程等一些基础性运输技术指标上。这些基础数据对设备履历、设备故障频率、故障预警和维修规程的优化都会产生很大的影响，对未来从计划修转变为状态修有很大的指导作用。

而在具体的故障类型方面，对车辆不同的故障数据进行记录，主要就是以车辆的子系统模块作为划分，例如牵引 / 制动故障、辅助系统故障、车钩及缓冲装置故障等。城轨运营单位可以为子系统的故障设置不同权重，反映这些子系统故障的重要性。子系统重要性的判断，主要根据这个子系统在列车上的整体功能角色，与其他子系统之间的关联，以及故障发生后带来的后果等因素进行。以列车上重要性最高的转向架 / 轮对子系统为例，这个子系统在整个列车运行过程中担当不可或缺的角色，发生故障后可能产生脱轨等严重事故。根据这些特性，对应地进行相关数据分析、技术分析，通过数学模型建立和技术人员对数据的判别，最终得出转向架 / 轮对子系统在列车大系统内的重要程度。

此外，对车辆故障带来的事件影响进行评估，主要是对晚点事件与清客事件进行记录，以此判断故障产生后的影响程度。一般来说，我们对车辆故障带来的事件影响程度分为优、良、中、差。

最后,结合车辆运营基础数据、子系统故障发生情况和事故影响三个方面,对车辆的整体表现整体打分,并得出一个综合的表现得分。这就是城轨车辆的评估模型,代表了设备质量评价模型的建模方法。这套理论与评估模型,现在已经成为评估设备质量的重要依据与手段。

第五章
城轨网络化运营的运输客运组织

第一节　城轨网络化运营的运输组织

 一、网络化运输组织面临的矛盾

（一）随着线网规模不断发展壮大，客运量逐级攀升

在网络化运营阶段，由于城轨线路具备通达性，再加上其固有的安全、准点、快捷等优势，城轨运输的整体优势得到充分体现，市民把搭乘地铁出行从一种“可选项”逐步转变为“必选项”，甚至成为一种生活习惯。广州地铁建成开通单线运营每天的客运量仅 17 万～ 18 万人次。至多线运营阶段，2005 年国庆期间最高日客流突破 100 万人次大关，两年后的国庆节客流飞跃至 200 万人次。到实现网络化运营时，在 2014 年 9 条线路日均客运量达到 600 万人次以上，“五一”假期当天以 794 万人次的客运量创历史新高。

线网规模的日趋完善，客运量逐级上升，势必造成运输能力紧张的局面。例如，广州地铁既有的一、二、三、五号线，途经老城区，受本线路客流自然增长及新线客流叠加的双重影响，再加上目前的行车水平基本接近设备极限，有限的设备能力将难以应对未来大客流运输的组织要求，在未来高峰期的运输组织压力明显增加。

根据建设计划，预计到 2017 年底，广州地铁将达到 520km，形成更大线网的运营规模。届时广州地铁日均客运量将接近 1000 万人次，线网客运量将再上一个新台阶。

（二）网络化运营条件下，新线接入使既有线路客流特点发生变化

以广州地铁二号线为例，在二号线 2010 年开通后，在网络化运营条件下，二号线工作日高峰时段客流具有“中间段大、两端段小，且上下行客流明显不均衡”的特征，具体表现如下：

（1）客流潮汐现象突出，存在明显的单向性。早高峰主要客流走向为上行方向，上行最大峰值为每 7698 人 / 15min，是下行最大峰值每 5108 人 / 15min 的 1.51 倍。晚高峰主要客流走向为下行方向，下行最大峰值为 7260 人 / 15min，为上行最大峰值 5331 人 /15min 的 1.36 倍，见图 5-1。

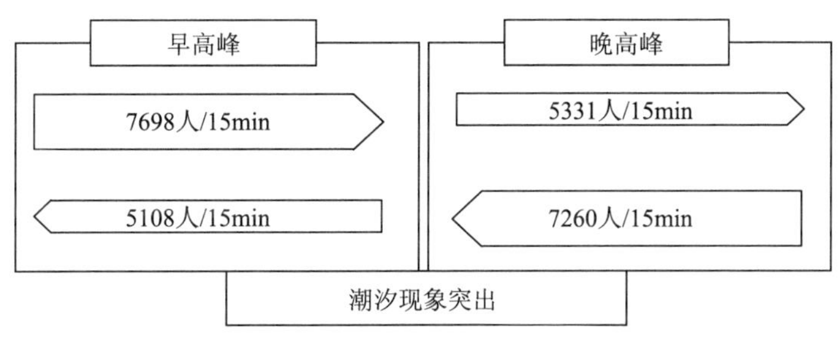

图 5-1　广州地铁二号线某日双向客流早晚高峰对比

（2）高峰断面客流峰值时段和区段集中。早、晚高峰客流峰值时段分别集中在 8:00 ～ 8:45 和 18:00 ～ 18:45（图 5-2），客流区段均集中在市区段江泰路至三元里间，分别占全线路客流的 66% 和 73%。

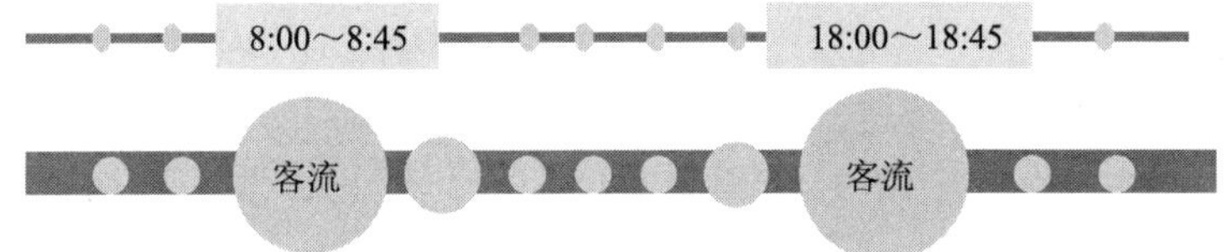

图 5-2　广州地铁二号线某日高峰断面客流与非高峰比较

（3）高峰客流峰值逼近运输能力。早、晚高峰客流峰值分别为 7698 人 /15min 和 7260 人 /15min，分别发生在海珠广场至市二宫的上、下行，均逼近 7971 人 /15min 的单向运输能力，见图 5-3。

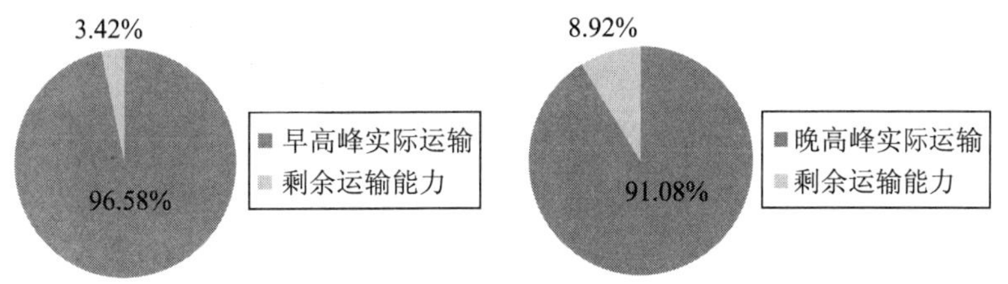

图 5-3　广州地铁二号线某日早晚高峰运输能力图

（4）高峰时段瞬间换乘客流较大，运能不能均衡利用。早高峰时段上行方向昌岗站、晚高峰时段下行方向广州火车站和公园前站均由于换乘需要，断面客流瞬间增多，导致三元里～江泰路区段的断面客流过分集中，运输能力不能被均衡地利用。

上述客流特点，也是网络化运营中各线路的普遍规律。以广州地铁二号线为示例，进入网络化运营阶段的城轨运营单位，势必面对客流与运能的矛盾，原有的传统运输组织方式已难以满足高峰期大客流区段的运能需要。

 二、网络化运输组织的探索

网络化运营给运输组织带来的问题与挑战，是城轨行业成长过程必经的洗礼。网络化运输组织的调整，是针对城轨线路在规划设计阶段考虑的不周全，在网络化运营阶段运用管理手段进行的改进、提升。在前期规划、设计阶段，由于缺乏网络化的思维模式，单线规划、设计存在很大的局限性。进入网络化运营阶段，这些局限性就会被放大，在线路贯通联合之后出现严重运能不匹配、不均衡的现象，见图 5-4。因此，网络化运输组织必须要进行调整。简单来说，就是在常规的运输组织基础上，调整或增加某些线路、线段的非均衡运力，使城轨运力在整体上达到均衡。

虽然新增投放列车、改造线路设备系统等手段，能够解决运输组织的长期问题，但由于所需时间长、投入资金大，不能解决网络化运营的当务之急。如果要应对城轨发展新阶段出现矛盾，就必须根据实际创新运输组织方式，积极挖掘运力空间，为网络化运营的可持续发展支撑。

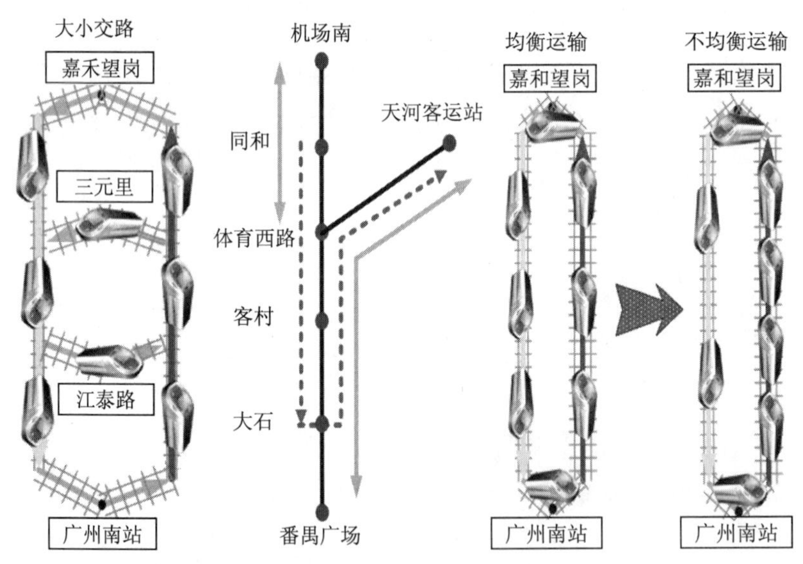

图 5-4　大小交路、高峰短线、不均衡运输示意图

在网络化运营阶段，广州地铁曾采用以下几种方式，有效地缓解了应运力与客流的矛盾。

（一）空车投放

空车投放在一定程度上缓解客流疏导压力。这需要通过控制中心组织人工加开 1 ～ 2 列备用车上线，实现大客流疏导。

（二）不均衡运输

通过采用不均衡运输组织方式，能够提高大客流方向的运输能力。

随着客运量的不断增长，单纯通过人工加开备用车已不能满足运量增长的需求。不均衡运输组织方式对于一些不符合实施大小交路条件，而且上下行方向客流不均衡现象明显的线路，可起到科学合理分配运力，使运能与客运量需求相匹配的作用，能够降低高峰期列车满载率，减少高峰期列车车厢拥挤度，有效控制乘客安全风险。

2011 年 7 月 4 日，广州地铁首次在二号线实施不均衡运输组织，即在交路不变的条件下通过抽疏某一方向的部分列车或安排部分运营列车中途折返，局部增大另一个运行方向的列车数来调整运能分布的方向和时间等不均衡运输的方式，达到缓解上下班高峰期大客流尖峰时段运能不足的目的，让有限运能得到充分利用。二号线实施不均衡运输方式后，在总供车数不变的情况下，运输能力增加 17%，有效缓解了大客流拥挤现象。此举后续在三、四、五、六号线均有推广应用，效果较好。

（三）大小交路

根据资源最优使用的原则，广州地铁结合二号线的客流特征、车站特点和线路折返条件进行分析，同时考虑主要运输技术设备能够开行大小交路以及高峰时期二号线面临车辆供车接近极限的情况，于 2013 年 1 月 8 日，尝试在工作日实施早高峰大小交路的运输组织方式：在原广州南站—嘉禾望岗大交路的基础上，增设江泰路—三元里小交路（小交路约 9.1km），大小交路开行比例按 2∶1 组织。在实施工作日早高峰大小交路运输组织方式后，二号线上、下行高峰时期重合段的运输能力分别较单一交路提升了 7%、32%。这证明了高峰时期实行大小交路方案更符合客流分布特征，运能利用率较高，有效地节省了上线列车数，从可以为一、八号线提供更多的上线列车。

通过运输组织优化，广州地铁二号线高峰时段列车满载率下降 6% ～ 20%，高峰期列车满载率在 90% 以下，基本解决了乘客在车站不能上车的问题，有效地缓解了高峰期大客流拥挤现象。

第二节 城轨网络化运营的客运组织

网络化运营产生的聚集效应，使得客流量急速增长，导致线网车站的客运组织工作面临更为严峻的形势。换乘站作为城轨网络的重要节点，担负着换乘客流的集散、中转功能。为缓解换乘站压力，广州地铁对 OD 客流[1]、列车满载率、换乘客运量和运输能力等数据进行综合分析，选取对换乘站客流量影响较大的车站，通过科学计算、合理分配，确立“点、线、网”三级客流控制模式，明确各级客流控制的启动及取消条件等内容。同时，结合满载率和 OD 客流变化，定期修订和完善线网控算法和预案，针对常态化客流高峰安排不同的工作模式，并配合相应的引导措施，为受影响的顾客补偿，有效指导车站的客运组织工作。

一、客流组织分级与标准

城轨运营单位车站在发生常态化和突发大客流冲击时，可采用单站级、单线级、线网级客流控制措施，形成“点、线、面”三级线网客流组织模式。在客流组织工作中，尤其需要关注换乘站点的客流组织。

（一）单站级客流控制模式

单站级客流控制模式属于第一层客流控制模式，是指城轨车站自身采取客流控制办法进行客运组织的行为。当单一车站出现客流增大时，车站可以根据实际情况，逐步或越级采取一、二、三级客流控制，以缓解车站内的大客流压力，维持运营秩序。

（1）一级客流控制就是通过在付费区采取措施控制站台乘客数量的客流组织行为，以减缓乘客到达站台速度和减少站台乘客数量。可采取的主要措施包括：

① 在站厅与站台的楼梯（扶梯）连接处设置控制点；

---

[1] OD 客流：O-Origin 起点，D-Destination 终点，OD 客流即从某一个站进站，再从某一个站出站的客流量。

② 改变扶梯走向；

③ 通过停用扶梯及引导乘客走楼梯等方式减缓乘客走行速度；

④ 在付费区设置回形线路等。

（2）二级客流控制即在非付费区采取措施控制进入付费区乘客数量的客流组织行为，以减缓乘客进入付费区速度和减少付费区乘客数量。可采取的主要措施包括：

① 关闭部分进闸机限流；

② 在进闸机口设置铁马等使乘客分批进闸；

③ 在非付费区设置回形线路等。

（3）三级客流控制即在出入口外采取措施控制进站乘客数量的客流组织行为，以减缓乘客进入车站速度和减少车站乘客数量。可采取的主要措施包括：

① 在出入口用铁马等备品限制乘客进站；

② 在出入口外设置回形线路等。

（二）单线级客流联控模式

在本线主控站经采取客流控制措施后，如果客流无法缓解甚至继续增加，则需要启动单线级客流联控模式。单线级客流联控模式是指主控站本站出现大客流或本线连续多个区段满载率偏高时，采取客流控制措施，限制主控站及本线辅控站进站乘客人数，以实现均衡各站进站客流，缓解主控站或高满载率区段客流压力的目的。单线级客流联控的主控站和辅控站都可以逐步或越级采取一、二、三级客流控制，以缓解车站大客流压力。

其中，主控站是指大客流换乘站或连续几个区段中列车满载率最高的车站，负责向控制中心申请启动及取消单线或线网级客流控制。而辅控站是指主控站的上、下行线路或邻线的限流车站。辅控站是通过分析线路或线网各站 OD 客流、列车满载率等来确定的那些对主控站影响较大的车站，通过辅控站客流控制达到缓解主控站大客流压力。

（三）线网级客流联控模式

当单站级和单线级客流控制模式都无法达到理想效果时，则可以启动线网级客流联控模式。这是指实施单线级客流联控仍无法缓解客流压力时，邻线辅控站采取客流控制措施限制进站乘客人数，缓解主控站客流压力的客流组织行为。与上述模式一致，线网级客流联控的主控站和辅控站可逐级或越级采取一、二、三级客流控

制，以缓解车站大客流压力。客流控制的启动及取消条件

（四）客流控制的启动及取消条件

在网络化运营模式下，线网出现大客流已成为常态。如果对大客流组织不力或控制措施不当，则会出现拥挤、踩踏等客流安全事件，影响运营安全。因此，把握大客流时客流控制的启动及取消时机，并且根据不同的客流状况，选择不同的控制模式显得至关重要。表 5-1 以广州地铁客流控制的启动及取消条件为例，说明城轨车站的各级客流控制模式的启动及取消条件。

广州地铁客流控制的启动及取消条件　　表 5-1

<table>
<tr><th>客流控制类型</th><th colspan="2">启 动 条 件</th><th>取消条件</th></tr>
<tr><td rowspan="3">单站级客流控制模式</td><td rowspan="3">当发生大客流，或由于车站站厅、站台设备设施故障（例如扶梯故障、TVM 故障、BOM 故障），引发车站输送能力下降，客流无法缓解且有增大趋势时，启动本站客流控制</td><td>第一级客流控制：满足本站客流组织预案启动条件后或者当站台候车乘客超过整个站台面积的 2/3 时</td><td rowspan="5">客流得到有效缓解，车站恢复正常客流组织</td></tr>
<tr><td>第二级客流控制：满足本站客流组织预案启动条件后或者当付费区乘客超过整个付费区面积的 2/3 时</td></tr>
<tr><td>第三级客流控制：满足本站客流组织预案启动条件后或者当非付费区乘客超过整个非付费区面积的 2/3 时</td></tr>
<tr><td>单线级客流控制模式</td><td colspan="2">本线主控站经采取客流控制措施后，客流无法缓解且有增大趋势时，启动辅控站客流控制</td></tr>
<tr><td>线网级客流控制模式</td><td colspan="2">经采取线控措施后，客流无法缓解且有增大趋势时，启动邻线辅控站客流控制</td></tr>
</table>

 二、常态化客流控制

随着线网运营的不断深入，客流量将持续攀升。为了安全、有效地应对高密度的大客流运输任务，确保线网运行顺畅，更有效地保障乘客安全，就需要实施常态化客流控制。广州地铁从 2012 年 7 月份开始，对工作日及节假日客流规律进行系统的分析和论证，找出常态化启动客流控制的具体车站和时段，并根据现场客流的实际情况进行动态调整。目前，广州地铁已在 25 个站点实施常态化客流控制措施，具体分为工作日常态化客流控制措施、节假日常态化客流控制措施和突发大客流控制三个方面。

（一）工作日常态化客流控制

广州地铁工作日早晚高峰的客流潮汐现象明显，存在明显的单向性和向心性，

早晚高峰的走向不一致。早高峰主要客流走向为由郊区流向市区，晚高峰主要客流走向则由市区流向郊区。因此，广州地铁在相应车站实施工作日单站级常态化客流控制，以确保车站站内不出现客流拥堵现象，保持客流组织的顺畅、有序。

案例 5-1：工作日早高峰常态化实施主辅联控

背景：2013 年，广州地铁一号线由于运能与客流增长的不匹配，导致车站、列车的拥挤程度加剧，客运安全压力增大。其中，客运组织压力巨大的情况又以公园前换乘站最为突出。虽然高峰期运输能力有所提高，一号线各区段高峰期小时断面客流较 2012 年同期有所上涨，但高峰时段公园前至农讲所区间列车的满载率仍超过 100%，最高峰时列车满载率高达 107%。

措施：公园前站通过单站级限流后仍无法缓解本站客流压力，只能通过主辅联控限流，才能缓解公园前至农讲所区间的大客流情况，确保线网运行顺畅。因此，广州地铁选择公园前为主控站，通过分析断面客流和 OD 客流，选取了芳村、陈家祠、西门口等站作为公园前的辅控站辅助公园前站实施联控。

成效：通过实施联控，公园前至农讲所区间超高峰时段客流量被控制在预定范围内，高峰期客流分布更为均衡，实现了一定的“削峰”效果，客流分布更为均衡，改善了高峰期的乘客乘车环境。

（二）节假日常态化客流控制

在大型节假日，受市区休闲购物大型商圈的地理位置固定，以及出行客流往返时间的相对稳定性等原因影响，客流高峰聚集在大型商圈附近的地铁站，客流趋向性明显。广州地铁总结不同节假日客流规律，在节假日前确定大客流站点以及时间段，在高峰期实施常态化客流控制，并通过多种信息发布渠道提前告知市民，以此让市民了解地铁各站的客流高峰时段，合理安排出行路线和时间，尽量避免高峰出行。

案例 5-2：国庆节期间实施节假日常态化客流控制

背景：2013 年国庆假期期间，广州地铁线网日均客运量为 606 万人次，较 2012 年同期增长 17.65%，较 2011 年同期增长 15.45%。单日最高客运量为 749 万人次（10 月 1 日），较 2012 年“十一”假期当天的 587 万人次增长 27.6%，接近线网历史最高水平。受附近有大型商圈的影响，长寿路、烈士陵园、体育西路等车站在节前及节假日期间有大量客流聚集。

措施：广州地铁根据经验总结出国庆节客流规律，根据现场组织经验，提前确定国庆节期间需要启动客流控制的车站站点、时间段及限流数值，编制 2013 年国庆节期间常态化客流控制方案，以便车站和OCC提前做好大客流组织应对工作。

成效：通过实施国庆节期间的常态化客流控制方案，线网各站提前做好人员、客运物资等各项准备工作，使得广州地铁在749万人次的大客流冲击下，及时采取客流控制措施，保障客运组织安全顺畅。

（三）突发大客流的常态化控制

由于网络化运营的大客流现象频发，在某一车站或线路出现突发大客流已经成为常态。因突发大客流往往具有突发性强、客流集聚量大的特点，对车站客流组织会带来较大的冲击，如组织不力或措施不当，则会出现拥挤、踩踏等客运安全事件。因此，必须要制订应对突发大客流的常态化控制方案，使得车站能够以有限的人力、物资，迅速、有效地应对突发大客流。

当出现突发大客流时，车站要及时了解清楚产生突发客流的原因、规模，可能持续的时间，根据实际情况汇报，自下而上选择客流控制模式。城轨运营单位要及时调整运营组织方案，加强客流情况监测，在重点车站增派人员加强值守，做好客流疏导。若出现紧急情况，则可考虑启用应急预案（详见下章），城轨运营单位要视情采取限流、封站等控制措施，及时协调组织运力以疏导客流，必要时申请启动地面公共交通接驳疏运。

三、客运秩序引导组织

网络化运营带来客流的日益攀升，高峰期站台拥挤，乘客上下车困难。对此，广州地铁自2009年以来，持续开展站台秩序引导多项举措：通过设计和优化站台排队候车标识贴纸，提高乘客上下车效率；在列车上增设防夹广播和防夹标识贴纸，提醒乘客防止衣物被夹等。

同时，开展乘客文明搭乘地铁系列专题宣传，通过漫画、宣传小册子等形式加强日常安全文明宣传及高峰期客流引导；开展高峰引导员体验活动、“寻找广州地铁文明乘客”等活动，致力于培养乘客排队候车、先下后上、上车后往车厢中部靠拢的文明搭乘习惯。目前，广州地铁已形成自觉排队、文明礼让的良好乘车氛围，进一步提高上下车效率，减少车门夹物等情况造成的晚点事件，与2012年相比，2013年乘客原因造成的晚点列次下降25.29%。而文明礼让的乘车习惯也为大客流出现时的客流控制与疏导打下良好的基础。

四、运营及应急信息发布

（一）运营信息发布

城轨作为都市里的主要运输骨干，应当将自己置身于城市的大网络中来思考问题，其中，一个方面就是要做好信息的整合。除了为出行者提供城轨的运营信息，还要把其他的公交系统、长途交通信息整合进来，包括公交车走行站点、线路走向，机场航班信息，轮渡港口，铁路运输站点，公路客运站点等等，让市民出行换乘变得便利、快捷。

广州地铁一直着力于打造、优化各类信息发布平台，为乘客提供及时、清晰、准确的出行指引，目前已建立起内外部资源相结合的信息发布平台。在内部采用广播、告示、PIDS、乘客信息显示屏、M-touch 五大视觉、听觉信息相结合的信息平台，覆盖车站站厅、站台及列车车厢，及时发布运营信息；在外部积极建立包括手机 APP（Application，应用软件）、微信、微博、电台、电视等多种载体的信息沟通渠道。

城轨运营发生客流控制时，运营单位可以通过站内广播、告示、地铁电视、乘客自助终端设备、官方 APP 及官方微信等多种渠道加大信息广播力度，引导乘客出行，增加信息的透明度，争取公众的理解、支持和配合。城轨运营单位还应在应急预案中明确，视事件的影响程度，在不同情况下，选择恰当的载体、时机和规范的信息发布口径。

（二）应急故障处理

对于由于运营出现故障，导致城轨站内出现的重大客流拥堵或其他影响乘客乘坐城轨的情况，城轨运营单位可以通过其他方式降低事故对乘客的影响。广州地铁立足于乘客需求，为受故障影响的乘客提供在 7 日内到线网任一车站办理退票的服务，并先后推出各种措施，包括《致乘客信》、赠票、设置公交接驳等候区、印制应急公交指引以及在与机场、客运站场相邻的车站设立绿色通道引导需要搭乘飞机、长途汽车的乘客，体现“设备出故障，人性要补上”的服务理念，从而树立负责任的良好企业形象。

第六章
城轨网络化运营的应急管理

在城轨运营过程中，可能会发生各种类型的事故或存在多种潜在的威胁，例如：影响较大的设备出现故障，大面积的长时间停电、火灾、水灾、地震、危险物质泄漏、放射性物质泄漏、恐怖袭击等。此外，在开展各类大型活动时，城轨线路也可能出现突发大客流等紧急情况。因此，需要建设完善的城轨应急救援体系，以应对各种突发事件。进行城轨网络化运营的应急管理，既要做到突出重点，准确评估和防范城轨主要的重大的事故风险，又要合理地编制各类预案，避免各类预案间相互孤立、交叉和矛盾，从而将任何可能发生的事故影响控制在最小范围，尽可能地减少事故造成的人员伤亡和财产损失，尽快恢复正常运营。

第一节　城轨运营的应急管理体系

一、应急管理体系的内容

（一）应急管理体系的“一网五库”

城轨运营单位的应急体系由“一网五库”构成，具体是指应急指挥联络网以及应急预案库、专家人才库、应急队伍库、应急工具物资库、案例库。按国家、省市对应急管理的要求，城轨运营单位应当对应急体系的“一网五库”进行系统管理，有效地应对城轨运营的应急事件。

在应急指挥联络网管理方面，要完善以线网指挥中心为核心的应急联动网，使线网应急指挥中心充分发挥“外联内调”的作用，确保突发事件得到有效处置，资源得到高效利用。

在应急预案库管理方面，要对目前运营单位专项预案进行重新梳理与完善，突出重点，明确行车应急事件、大客流及踩踏事件、恶劣天气等突发事件的专项预案。同时，不断完善车辆脱轨、颠覆的预案，如大型起吊车的购买或临时租赁使用等问题。

在专家人才库管理方面，要成立弓网专家组、轮轨专家组、桥梁隧道结构专家组（针对地铁设施被破坏）和防洪防汛专家组等，为运营应急处置提供强有力的后盾，同时也考虑引入外部专家智囊团为应急管理提供支撑。

在应急队伍库管理方面，根据专家组的设定划分完善专业救援队伍建设，结合线网的实际情况，细分应急救援区域，制订救援基地到所辖区域各城轨站点的走行路线。

在应急工具物资库管理方面，根据城轨运营线路的特点，配置救援抢险必备的工器具和线路、供电复通需要的设备设施、材料；配置专业切割工具，用于地下空间救援求生、清理故障部件；增购大吊臂车，处置脱轨颠覆扶正；增购公铁两用消防车，用于专门应对隧道火灾事故。

最后，在案例库管理方面，城轨运营单位要建设国内外大型安全事故案例库、业内同行安全事故案例库和企业内部安全事故案例库，并组织专家进行分析，形成详尽的专门分析报告，供全体员工共同学习提高，有效处置突发事件。

（二）应急管理原则

运营应急管理是城轨运营单位必须重视的工作。在“统一指挥，分级负责；各司其职，分工协作”这十六字的原则下，城轨运营的应急管理包括应急事件的预防与应急准备、监测与预警、应急处置与救援、恢复与重建等四个动态过程。

二、应急管理能力的建设

城轨运营应急管理的理想状态是“无急可应、有急能应”，这也是城轨运营单位进行应急管理的目标。为了进行有效的应急管理，城轨运营单位必须先了解城轨运营的应急目标、应急需求、自身的应急能力、政府和社会上应急资源的可利用情况，为本单位进行应急管理工作的能力配置。

首先，城轨运营单位根据法律法规、政府对企业应急管理的要求、运营线路的特点、运营场所与周边环境情况和乘客运输服务的需求，对运营服务环境与运营单位的应急管理要求进行系统分析，能够得出城轨运营单位的应急处置能力评估报告。如有必要，城轨运营单位可以通过组织同行业的专家学者进行评审，更加明确本单位的应急处置需求。

然后，城轨运营单位还需同步摸查本市应急保障体系的状况，积极主动地与政府主管部门进行对接，推动政府牵头建立“城轨安全应急保障联动工作机制”，借助外部力量提高自身应急保障能力。如提前与市交委、应急办、公安局地铁分局、属地区（县级市）政府应急办、街道（镇）、公安、消防、交警大队及燃气公司等单位进行对接，建立应急联动机制。

完成上述两个环节之后，城轨运营单位能够得出适用于自身的应急处置能力模型，明确自身进行应急管理所需能力的总体需求，再根据此模型系统开展或完善本单位的应急管理能力建设，为城轨运营的突发事件应对提供能力保障。

最后，对于某项无法依靠外界资源落实的应急处置能力，运营单位需要评估是否需要本单位自行配备，或者通过寻找市内具备起复能力的铁路、高铁或大型运输企业，邀请他们加入运营单位的应急联动保障队伍，从而提高城轨运营单位的应急处置能力。如城轨车辆的起复，所需的大型汽车吊、轨道吊机等，在政府的职能部门没有配备的情况下，城轨运营单位应酌情是否应该考虑购置。

三、应急管理的制度保障

应急管理要对突发事件进行全过程管理，应建立完整的应急管理组织架构，在应急事件的预防、预警、发生和善后四个发展阶段，建立突发应急事件的事前预防、事发应对、事中处置和善后管理的运作及保障机制，为城轨运营应急管理提供体系保障。

（1）建立健全事故监测与预警制度，能够对可能发生应急事件的区域和设备进行监测，借助多种途径收集的监测数据，对发生应急事件的可能性及影响进行评估，对可能发生的应急事件进行预警。这能够起到通过预警预防潜在的应急事件的作用，并可以及时采取措施减少或者消除应急事件发生的不良后果。

（2）建立应急救援队伍保障机制，能够及时调整、补充城轨应急救援专业队伍人员，保持应急救援队伍稳定，确保应急救援能力。

城轨运营单位应急救援队伍保障包括三个方面：

其一是结合城轨运营的业务特点，建立专职或兼职的应急救援队伍，并为其配置必要的救援装备。同时，城轨运营单位对应急救援队伍值班、备勤、通信、训练、演练、应急救援、业务学习等管理制度和程序进行合理设置。

其二是建立运营应急专家组，由运营单位各专业，包括供电、机电、工建、车辆、通号、运输、安全管理、应急管理等方面的专家组成，必要时可聘请外部专家参与；城轨运营单位结合运营业务和运营应急事件处理要求，不断完善应急专家组管理工作。

其三是根据需要建立各专业的应急专家档案，并根据人员变动情况每年进行定期更新。专家组档案主要包括专家成员的姓名、单位、行政职务、技术职称、专业特长、联系方式等内容。

（3）建立应急物资保障机制，能够发生应急抢险时工具配备齐全。

城轨运营单位通过完善应急物资分级的管理，让各种应急物资设备按照管理责任区域放置，具体可以划分为专业抢险物资、防洪应急物资、消防应急物资。同时，在各车站储备空气呼吸器、消防应急物资、防洪应急物资；在车辆段储备防洪、起复、救援、应急照明等各类应急物资。

（4）建立应急技术保障机制，能够为城轨应急事件的处理提供基本技术的保障。

结合运营业务和运营应急事件处理要求，城轨运营单位应建立应急专家组，保障各专业含供电、机电、工建、车辆、通号、运输、安全管理、应急管理等方面关键技术力量，同时不断进行技术创新与优化。同样，在必要时可聘请外部专家参与开展应急技术保障工作，在应急情况下为应急抢险提供技术支持。

（5）建立应急外部联动机制，能够大幅度地提高运营单位对突发事件的应急处理能力。

为加强运营应急保障联动工作，城轨运营单位应积极与地方政府和相关单位联系，建立、完善多层次的运营应急联动工作机制，实现纵向对接、横向联动。此外，还应与消防、公安、街道等政府部门和公交、电力、燃气等企业建立了应急联动机制，彼此协作，共同提高应对突发事件的处理能力。同时，还应积极与各方开展应急联动演练，形成“政府统一领导、部门协调联动、企业自主到位、社会共同参与”的应急管理工作格局。

第二节　城轨网络化运营的应急策略

在网络化运营时代，大规模网络化运营特征更加突出。过去小的故障在今天网络化运营环境中，由于网络传播效应，都可能产生连锁反应，影响线网运营，产生严重影响。网络化运营中的应急保障，虽然和线路运营阶段的基本原理是一样的，但是由于此时城轨运营点多、线长、面广，线路间和专业间联系密切，管理幅度大，会造成应急处置的调度指挥复杂、信息传递流程多、人员和资源调配要求高、网络化运营组织困难等复杂的情况。因此，在应急保障的理念和具体举措上，网络化运营与线路运营有着明显的差异，必须根据网络化运营的新情况、新要求、新挑战，在原有基础上，制订更加完善的应急救援体系。

一、网络化运营的应急管理理念

（一）伦敦地铁应急管理机制的启示

伦敦地铁应急机制（图 6-1）由地铁控制中心（简称 NCC，由政府管理的应急协调组织机构）发起，应急指挥中心（ERU）负责协调指挥，应急处理由 4 个应急站的应急团队具体执行。4 个应急站位于伦敦市的 4 个地区，其服务范围覆盖伦敦地铁的各个区域。

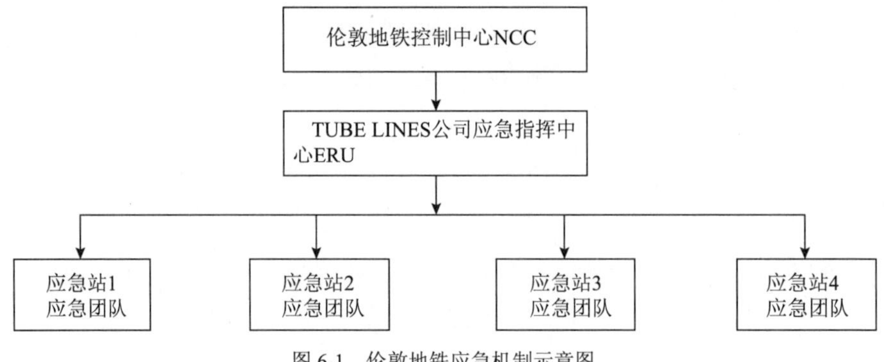

图 6-1　伦敦地铁应急机制示意图

应急团队被要求可以处理任何问题，其负责处理范围包括所能想像到的任何一种紧急情况，例如，超声波检测到的轨道缺陷问题、火灾、列车出轨、自杀事件处理、挪开跑到轨道上的动物等等。应急指挥中心成员由管理经验丰富和技术水平较高的员工构成。

出现紧急情况时，首先由伦敦地铁控制中心给地铁应急运营机构，如 TUBE LINES 的应急指挥中心（ERU）下达指令，再由 ERU 派出一个就近站点的应急团队去现场解决问题，每个团队都配备一辆工程用车和地铁车厢牵引车。如有需要，请警务人员陪同。

不进行现场抢修时，应急团队也是随时待命的状态。同时，他们定期接受培训、检查抢修车上的抢修机械设备，为出勤做好准备。

伦敦地铁的应急抢险，其工作性质与消防队非常类似。以此为参考，城轨运营单位在网络化运营阶段，引入“统一指挥，区域布局，快速响应”的应急理念很有必要。伦敦地铁应急管理模式对于国内城轨运营单位仅提供一种参考，具体还需要结合各地城轨的发展阶段、社会环境、自身能力、可利用资源等进行综合考虑。

（二）不同阶段的应急管理机制

从线路运营到网络化运营，城轨运营单位的应急管理机制也应随着运营不同阶段的实际需要而改变，见表 6-1。

不同阶段的应急管理模式对比表 表 6-1

对　比	分专业模式	分专业区域模式	网络化模式
特点	1. 以线路为基础，强调专业业务技能的提升。 2. 以处置本专业故障、事故为目标。 3. 对于大型事故无法充分调动足够人员处置。 4. 涉及不同专业的协调难度较大	1. 以专业为基础，通过区域设置和区域响应提高应急处置效率。 2. 配套考虑应急物资及布点、交通工具设置。 3. 各专业之间的衔接比较弱	1. 以线网为基础，综合考虑专业与区域的合理划分。 2. 综合考虑不同层级的应急反应。 3. 实现人员、物资、交通工具的配套设置
适用阶段	线路运营阶段	网络化起步阶段	网络化成熟阶段

（三）网络化运营的应急管理机制

参考上述应急管理实例与模式，城轨运营单位可以根据实际情况，按照以下原则建立网络化应急管理机制：

（1）形成“站点—区域—基地”三级的应急结构原则。

站点，即以车站为一线响应点，通过日常的训练，为人员配置相应的工器具，能够以“三板斧”的方式简单处理一般事故。

区域，即设置区域应急中心，人员配置专业工器具及其他物资，利用城轨自身及地面交通工具，在一定时间及范围内赶赴现场，能够以专业的能力实现对较大事故的处置。

基地，即以各车辆段、车厂为基础，人员配置大型工器具及物资，例如车辆起复设备等，对特大／特殊的事故进行综合救援。

（2）区域抢险与线路维护相结合的原则。在日常生产管理中，既要考虑正常的线路维修工作需要，同时也要着眼于紧急情况下的组织，考虑人员布点值守的需要，能够实现应急情况下的快速调配。

（3）应急抢险队伍专兼职相结合的原则。当遇到大型抢险工作时，往往需要调配的人力较多，而在网络化运营情况下，人员往往分散在各个区域。这个时候，就需要发动应急点周边人员，以及兼职人员前往支援。因此，运营单位在建设专职队伍的同时，培育兼职队伍的工作也是十分重要的。

（4）内部资源和外部资源（含政府职能部门、关联企业、供应商和建设施工单位）相结合的原则。城轨运营单位必须与政府、所在辖区的有关应急部门建立一体化的救援机制。同时，与具备城轨技术关联性的建设单位、物资供应方形成常态化的联系，使其在必要时提供支持。

（5）线网统一指挥的原则。在三级应急结构的基础上，网络化运营必须强化线网管控能力，即日常运作时确保服务统一、生产统一，应急情况下实现组织统一、指挥统一。

二、网络化运营的应急管理要点

（一）应急管理的响应时效

在网络化运营时，由于出现紧急事件影响程度比线路运营阶段要大得多，因此，城轨运营单位应主动提高自身对应急的响应时效，如原来将中断行车时间达到 1h 以上设定为最高级响应的城轨运营单位，可以考虑将标准压缩为 30min，以引起运营单位各级的充分重视，以充分的投入实现迅速处置、现场抢救、恢复行车的目的。表 6-2 与表 6-3 是某市城轨所设定的故障抢修响应等级划分及响应内容，可作为网络化运营期间对应急事件的响应时效参考。

城轨故障抢修响应等级划分　　表 6-2

响应级别	划分标准
Ⅰ	造成列车延误或中断 30min 以上
Ⅱ	造成列车延误或中断 10min 以上，30min 以内
Ⅲ	造成列车延误 5min 以上，10min 以内
Ⅳ	造成列车延误 5min 以内

城轨故障抢修不同等级响应内容　　表 6-3

响应等级	现场人员	车站	区域抢险人员	相邻区域抢险人员	故障抢修基地	项目部负责人	分公司负责人	部室负责人	集团领导
四级	○	○	○	×	×	○	×	×	×
三级	○	○	○	○	×	○	○	△	×
二级	○	○	○	○	○	○	○	○	○
一级	○	○	○	○	○	○	○	○	○

注：○ - 现场处置；△ - 调度中心指挥；×- 收取应急信息。

（二）应急管理的队伍建设

完善的应急管理人才梯队是实现应急管理的基础。城轨运营单位应当建立一支结构、人员配置与职责划分合理的应急管理队伍。

1. 应急梯队

（1）常态梯队

突发事件发生后，在维修值班点的维修人员应第一时间到达现场进行应急先期处置。维修值班点人员配置应与区域化布点原则和日常维修作业相结合，优化各专业维修人员数量。

维修人员应以能够处理区域内突发事件为要求，并具备跨线维修能力，做到技能多元化，实现应急管理的快速到位、快速处理。

（2）专职梯队

按照突发事件救援难度和救援工具要求，车辆专业成立专职区域抢险队伍，供电、工建专业由应急救援骨干加检修人员组成专兼职区域抢险队伍。随着应急机制的逐步成熟，可考虑形成跨专业（含车辆、供电、工建）专职抢险队伍。

（3）后备梯队

突发事件发生后，各专业调动应急抢险后备队伍支援抢险，队伍主要由各专业非当班的管理、技术人员组成，可提前按区域划分每个人的支援地点。划分时，尽量根据员工居住地安排其就近的支援点，以确保救援力量在第一时间赶赴现场。

2. 专职应急队伍的职责与要求

（1）专职应急队伍的主要职责在负责统筹管理线网突发事件现场应急抢险工作。

在无应急任务时，建立突发应急事件现场救援预案和程序；规划应急救援设备的采购、配置、维护工作；建立外部应急机构联动机制；开展线网应急抢险培训与大型应急演练。

在开展应急抢险时，听从现场指挥部的调配和指挥，负责突发应急事件现场救援工作；提出现场应急抢险处置方案；指挥和协调各专业救援抢险人员进行现场处置；协调外部应急机构参与现场处置工作。

3. 应急人员构成与素质要求

应急管理队伍由管理经验丰富和技术水平较高的员工构成，并配置8～15名专职应急救援抢险骨干力量，负责处理包括重大的应急紧急情况，例如行车事故（列车冲突、追尾、脱轨、挤岔）、重大设备设施（隧道、桥梁、轨道、供电）事故、恐怖袭击、爆炸、纵火、毒气等等。

（三）应急管理的布点要求

1. 基本要求

（1）抢险区域布点标准

根据应急管理的响应要求，救援人员应具备在 10min 内到达现场（通过城市轨道交通或地面交通）的响应速度，即使最多也不超过 15min。

其布点标准应满足：维修值班点的设置应当限定在 5km 半径范围内，可同时辐射、覆盖跨线区域。各个区域的设置，应能够覆盖整个线网，不交叉、不漏点。

（2）抢险基地

根据应急管理的响应要求，救援人员应具备在 20 ～ 30min 内到达现场（通过城市轨道交通或地面交通）的响应速度，最多不超过 30min。

其布点标准应满足：基地布点的设置应当限定在 10 ～ 15km 半径范围内，可同时辐射、覆盖跨线区域。抢险基地也应当能够覆盖整个线网，不交叉、不漏点，并配备专用抢险车辆，以满足物资运送、大型设备运送等需要。

2. 不同专业布点的特定要求

在布点设置上，城轨运营单位应考虑不同专业的设备特点（如重点设备站、关键节点），以完成合理布点。不同专业区域布点关键因素见表 6-4。

不同专业区域布点关键因素　　表 6-4

专业	分专业区域化布点关键因素
供电	划分区域、实现跨线维修。变电专业在主要牵引所、主变电站值守；接触网在主要锚段关节处值守
工建	划分区域、实现跨线维修。轨道专业在道岔相关站点值守；桥隧专业在重点检测隧道站点值守；房建专业以车辆段值守，线路巡视为主
机电	划分区域、实现跨线维修。环电专业主要在冷站、大客流、换乘、值守，其他以巡视为主
信号	划分区域、实现跨线维修。将线网分成若干个应急运作区域，信号专业在联锁站、重点道岔站、换乘站

（四）应急管理的物资配置要求

1. 站点物资配置要求

站点配置通用应急救援设备、工具以实现资源共享，并按每车站配置，实现一般处置要求或多专业可以使用。站点物资配置还应当考虑不同设备系统的差异，如在三轨线路的车站，与架空接触网的车站，其需要配置的日常物资也有所不同。

2. 区域物资配置要求

在区域可设置的维修值班点，配置小型救援设备，分专业配置在值班点，由维修人员携带前往事发地点。同时，应当考虑在高风险控制点，配置部分关键应急物资如尖轨、钢轨、防洪沙袋、水泵等，以风险大小为基准相应配置。

3. 基地物资配置要求

基地应配备较大型或大型的应急救援设备、辅助物资，如车辆起复设备、接触网抢险设备、照明设备、通信设备，配置在应急救援基地，做好运输车辆的准备，统一装车待命，实现将物资从应急救援基地及时配送到事发地点的目的。

4. 后备物资配置要求

运营单位除了自身按站点、区域、基地进行常规化配置，进行物资储备，还要与物资供应商形成应急物资保障机制，在运营单位的应急救援设备、物资无法满足应急抢险的需要时，由运营单位发出紧急调配指令，物资供应商接收指令后快速提供物资调拨和配送服务。

第三节　城轨网络化运营应急预案

 一、应急预案的基本要求

应急预案是应急管理的核心，城轨运营单位应遵循“统一规划、分类指导、归口管理、分级实施”的原则，进行应急预案编制、审批、发布、备案、修订、培训和演练等相关应急管理工作。城轨运营单位可以通过进行充分的危险源辨识、评价及隐患排查，确定可能发生应急事件的危险源、事件类型和后果，进行风险分析并指出事件可能产生的次生、衍生事件，形成分析报告，并以分析结果作为应急预案的编制依据。

应急预案的编制首先应满足以下总体要求：

（1）符合国家相关法律，国家、省、市及地铁公司相关法规、标准规定；

（2）保持与上级、同级应急预案的紧密衔接；适应应急事件风险状况和本单位具备的应急能力；

（3）职责明确，处置程序具体，操作性强；

（4）内容完整，简洁，统一规范。

二、应急预案的作用

作为应急管理工作的核心，城轨运营应急预案在应急管理中的主要能够起到如下作用：

（1）明确了应急救援的范围和体系，使应急准备和应急管理有据可依、有章可循，尤其是培训和演习工作的开展。

（2）有利于及时做出应急响应，降低事故危害程度。

（3）成为各类突发事故的应急基础。通过编制基本应急预案，可保证应急预案足够的灵活性，对那些事先无法预料到的突发事件或事故，也可以起到基本的应急指导作用；针对特定危害编制专项应急预案，有针对性制定应急措施、进行专项应急准备和演习。

（4）当发生超过应急能力的重大事故时，便于与上级应急部门协调。

三、应急预案的体系

城轨事故可能发生的灾害大致可分为安全事故、自然灾害、突发事件等三类。城轨运营单位应根据本单位组织管理体系、各线路运营情况、危险源的性质以及可能发生的事故类型确定应急预案体系，将各类应急预案放置在一个综合的标准化应急体系中进行管理，有效地应对不同类型应急事件所造成的影响。

从保证预案文件体系的层次清晰及开放性角度考虑，可划分为三个层次，即综合预案、专项预案和现场预案。这些预案的文件体系结构图如图 6-2 所示。

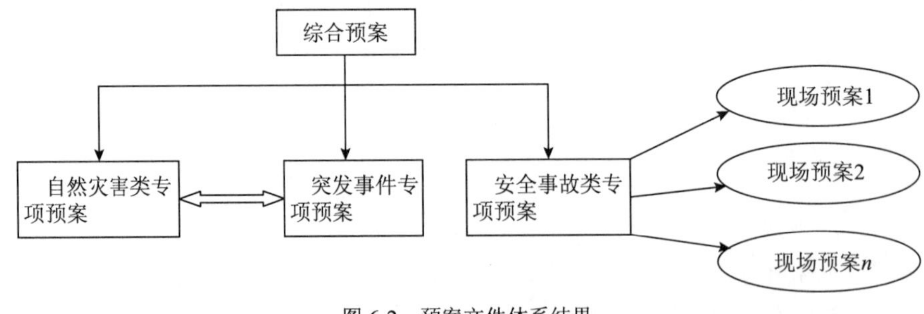

图 6-2　预案文件体系结果

从广义上来说，应急预案是一个由各级预案构成的文件体系。它不仅是应急预案本身，也包括针对某个特定的应急任务或功能所制定的工作程序等。一个完整应急预案的文件体系应包括预案、程序、指导书和记录，是一个四级文件体系。

（一）应急预案分类

城市轨道交通运营单位的应急预案有三种：综合应急预案、专项应急预案和现场处置方案。

1. 综合应急预案

综合应急预案是运营单位应急预案体系的总纲，故被称为总体应急预案。综合应急预案主要从总体上阐述事故的应急工作原则，包括运营一二级单位的应急组织机构及职责、应急预案体系、事故风险描述、预警及信息报告、应急响应、保障措施、应急预案管理等内容。为了保证各种类型预案之间的整体协调和层次清晰，实现共性与个性、通用性与专业性的结合，城轨运营单位应采用分层次的综合应急预案。

2. 专项应急预案

专项应急预案是生产经营单位为应对某一类型或某几种类型事故，或者针对重要生产设施、重大危险源、重大活动等内容而定制的应急预案。专项应急预案主要包括事故风险分析、应急指挥机构及职责、处置程序和措施等内容，针对不同事故的特点，如影响范围、爆发速度、持续时间和强度等，制订具有针对性强的专项应急预案。

3. 现场处置方案

现场处置方案是运营单位根据不同事故类型，针对具体的场所、装置或设施所制订的应急处置措施，主要包括事故风险分析、应急工作职责、应急处置和注意事项等内容。城轨运营单位应根据风险评估、岗位操作规程以及危险性控制措施，组织本单位现场作业人员及安全管理等专业人员共同编制现场处置方案。结合运营生产主要岗位的故障职责和作业特点，城轨运营单位有必要编制车务、维修等重点岗位的岗位操作手册，把常用的现场处置方案转化为对应岗位的应急简明操作卡，以便于各主要岗位员工在应急情况下使用。

在城轨运营单位应急预案体系中，各种应急预案之间的结构与关系见图 6-3。

（二）常用的应急制度与预案

为了更好地进行应急管理，城轨运营单位需要制定相关制度对应急管理各个方面，如指挥、演练、考评等进行规范管理。同时，根据建立应急预案的整体要求，结合运营管理的经验，制定运营单位常用的应急预案，详见表 6-5。

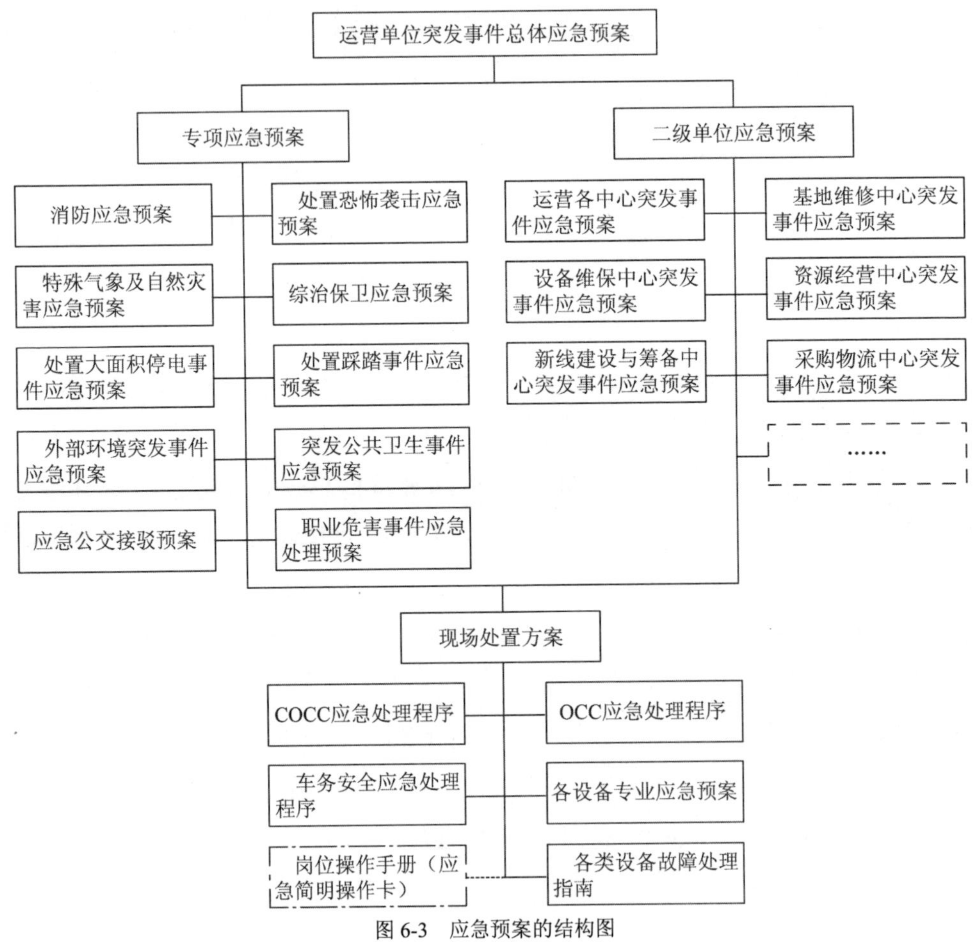

图 6-3　应急预案的结构图

应 急 预 案 清 单　　表 6-5

序号	分　类	应 急 预 案 名 称
1	应急管理	运营单位应急管理制度
2		运营单位应急信息管理办法
3		运营单位线网应急指挥管理规则
4		运营单位应急演练管理实施细则
5		运营单位应急管理考评细则
6		运营单位(故障处理)应急信息发布实施细则
7	总体预案	运营单位突发事件总体应急预案
8		二级单位突发事件总体应急预案(二级总体预案)
9	专项预案	运营单位消防专项应急预案
10		运营单位处置恐怖袭击专项应急预案
11		运营单位特殊气象及自然灾害专项应急预案
12		运营单位处置大面积停电事件专项应急预案
13		运营单位综治保卫专项应急预案

续上表

序号	分类	应急预案名称
14	专项预案	运营单位突发公共卫生事件专项应急预案
15		运营单位外部环境突发事件专项应急预案
16		运营单位处置踩踏事件应急预案
17		运营单位职业危害事件专项应急预案
18		运营单位区间隧道及车站结构、砌体裂损专项应急预案
19		应急公交接驳预案
20	现场处置方案	线网指挥中心应急处理程序
21		控制中心应急处理程序(各 OCC)
22		车务安全应急处理程序(各车务部门)
23		车辆段火灾应急预案
24		处置踩踏事件应急预案
25		处置恐吓事件应急预案
26		接触网(轨)附近有异物的应急处理程序
27		防淹门故障应急处理程序
28		车辆专业应急处理程序
29		×× 型客车故障处理指南
30		信号故障处理指南
31		×× 岗位操作手册(包括应急简明操作卡)

四、应急预案基本内容

按照国家相关法律法规的要求和城轨运营管理规范等标准，运营单位在编制应急预案时必须确保基本内容详实。参照国家安全生产监督管理总局组织编制并颁布实施的《生产经营单位生产安全事故应急预案编制导则》(GB/T 29639—2013)的要求，应急预案的基本内容主要有：

(一)综合应急预案(或称总体预案)

1. 总则

简述应急预案编制的目的和所依据的法律、法规、规章、标准和规范性文件以及相关应急预案等，适用范围，应急预案体系，和应急工作原则。

2. 事故风险描述

简述运营单位存在或可能发生的事故风险种类、发生的可能性以及严重程度及影响范围等。

3. 应急组织机构及职责

明确运营单位的应急组织形式及组成单位或人员、及职责。

4. 预警及信息报告

明确预警的条件、方式、方法和信息发布的程序，信息报告程序和主要内容。

5. 应急响应

明确响应分级、程序，处置措施，应急结束等内容。

6. 信息公开

明确向有关新闻媒体、社会公众通报事故信息的部门、负责人和程序以及通报原则。

7. 后期处置

主要明确污染物处理、生产秩序恢复、医疗救治、人员安置、善后赔偿、应急救援评估等内容。

8. 保障措施

明确通信与信息保障，应急队伍、物资装备保障和其他保障。

9. 应急预案管理

明确应急预案培训、演练，应急预案修订、备案及实施的要求。

（二）专项应急预案

1. 事故风险分析

针对可能发生的事故风险，分析事故发生的可能性以及严重程度、影响范围等。

2. 应急指挥机构及职责

根据事故类型，明确应急指挥机构总指挥、副总指挥以及各成员单位或人员的具体职责。

3. 处置程序

明确事故及事故险情信息报告程序和内容、报告方式和责任等内容。根据事故响应级别、具体描述和事故接警报告、记录，应急指挥机构启动、应急指挥、资源调配、应急救援、扩大应急等应急响应程序。

4. 处置措施

针对可能发生的事故风险、事故危害程度和影响范围，制订相应的应急处置措施，结合本单位运营管理的要求，明确处置原则和具体要求。

（三）现场处置方案

1. 事故风险分析

主要包括事故类型、发生的区域、地点或装置名称、事故前可能出现的征兆，发生的可能时间、事故的危害严重程度及其影响范围，事故可能引发的次生、衍生事故。

2. 应急工作职责

根据现场工作岗位、组织形式及人员构成，明确各岗位人员的应急工作分工和职责。

3. 应急处置

主要包括事故应急处置程序、现场应急处置措施，明确报警负责人、电话，及救援单位的联系人和方式，事故报告基本要求和内容。

4. 注意事项

主要包括佩戴个人防护器具、使用抢险救援器材、采取救援对策或措施，现场自救和互救、现场应急处置能力确认和人员安全防护，应急救援结束的善后处理等要求或注意事项。

五、应急预案管理

（一）应急预案培训与演练

城轨运营单位应明确对运营单位人员开展的应急预案培训计划、方式和要求，使有关人员了解相关应急预案内容，熟悉应急职责、应急程序和现场处置方案。如果应急预案涉及社区和居民，要做好宣传教育和告知等工作。此外，还应明确不同类型应急预案演练的形式、范围、频次、内容以及演练评估、总结等要求。

（二）应急预案修订完善

随着网络化运营的发展、社会环境的变迁，城轨运营单位应当不断修正、改善应急管理预案，使应急管理与城轨运营的需求相协调。城轨运营单位应当根据应急预案修订的基本要求，定期对应急预案进行评审，不断改进。同时，结合应急预案演练、事故（件）分析总结发现的问题，或国家相关法律法规修改变动等要求，运营单位应定期组织相关应急预案的修订，并根据标准化规章文本修订的要求，进行内部会签、讨论。而对于主要行车、安全技术设备等的功能改动,应邀请国内行业的专家进行咨询、评审,以确保应急预案的科学性。

城轨运营单位要明确应急预案实施的具体时间、负责制定与解释的部门,并由应急预案的报备部门进行备案。

(三)信息化技术在应急预案管理中的应用

在应急预案的管理中,城轨运营单位应当充分应用计算机信息化技术,对应急预案进行电子化管理,便于应急预案的管理、查找、培训学习等等。例如,在调度专业的应急预案中,可以通过建立应急处置智能化系统,对调度人员处理应急事件进行流程节点、主要处置环节的提醒,并实现处置过程中的记录、事后回放和桌面演练及评估功能。

第四节 城轨应急预案演练与评估

一、应急演练

(一)应急演练目的

为了达到以下主要目的,城轨运营单位必须开展定期的应急演练。

一是测试应急救援预案的可行性,处置流程的合理性;

二是测试应急培训的有效性和队员的熟练性,确定训练的类型和频率;

三是检验应急事件情况下各行车岗位、各维修岗位的应急处理、配合能力;

四是检验应急事件情况下的客运服务有效性;

五是测试现有应急装置和设备供应的充分性;

六是提高与现场外应急部门的协调联动能力。

(二)应急演练形式

高效有序的应急演练建立在合理的应急演练计划上,城轨运营单位结合运营工作的特点编织应急演练计划，能够按计划、有针对性地开展运营应急演练。如按年度为单位，编制并发布年度应急演练计划，规定各部门必须按照计划提前做好组织准备工作。

应急预案演练可以根据演练条件，采用桌面推演、现场实作演练或突击演练等形式。其中，突击演练可分为无乘客的双盲演练和有乘客的双盲演练。

（三）应急演练项目

城轨运营单位运营单位应明确不同类型应急预案演练的形式、范围、频次、内容以及演练评估、总结等要求，结合安全管理、应急管理工作的需要，编制年度应急演练工作计划，有计划的设施应急演练，主要应急演练项目应包含表6-6中内容。

应急演练清单

表6-6

序号	应急演练项目	演练形式	备注
1	列车故障救援演练	桌面推演/实作/双盲	
2	车辆脱轨起复应急演练	桌面推演/实作	可包括区间乘客疏散演练
3	正线道岔挤岔应急演练	桌面推演/实作	
4	正线钢轨断裂应急演练	桌面推演/实作/双盲	
5	接触网(轨)断裂应急演练	桌面推演/实作/双盲	可包括弓网事故
6	信号联锁设备故障应急演练	桌面推演/实作/双盲	联锁区、大面积
7	局部中断行车单线双向运行应急演练	桌面推演/实作/双盲	可包括变更为大小交路或多交路运行
8	特种设备突发故障应急演练	桌面推演/实作/双盲	
9	大面积停电应急处置应急演练	桌面推演/实作	
10	高架线路强台风突袭应急处置演练	桌面推演/实作	
11	区间(水淹)中断行车应急处置演练	桌面推演/实作	
12	运营期间外部人员违法进入正线应急处置演练	桌面推演/实作/双盲	可包括轨行区客伤
13	正线列车区间火灾应急处置演练	桌面推演/实作/双盲	可分为区间、站台
14	车站火灾应急处置演练	桌面推演/实作/双盲	可分为站台、站厅、设备区
15	物资仓库、商业街(商场)火灾应急处置演练	桌面推演/实作/双盲	
16	不明气体应急处置演练	桌面推演/实作	可分为燃气、毒气
17	外部违法施工打穿隧道应急演练	桌面推演/实作	
18	隧道结构变形开裂应急处置演练	桌面推演/实作	
19	车站接报炸弹恐吓电话演练	桌面推演/实作/双盲	
20	列车被劫持应急处置演练	桌面推演/实作/双盲	
21	综治保卫事件应急处置演练	桌面推演/实作/双盲	
22	应急公交接驳演练	桌面推演/实作/双盲	公交企业同时参与

上述应急演练计划不包括影响较少的设备故障，如屏蔽门故障演练等，这类演练可安排在设备故障的日常演练中。

在执行应急演练计划的同时，运营单位需要结合当前的外部环境的情况、安全保卫的热点和本企业的运营特点，灵活调整演练计划。或者对针对性较强的项目进行反复演练，对其他不同等级、不同规模的应急预案分情况演练，提高员工应急响应能力和实战经验。

二、应急评估

城轨运营单位应当明确应急演练评估机制，根据演练方案（或脚本）对演练项目的关键点、各岗位的演练情况，进行逐一的评估，查找存在问题，制订整改措施，并对应急演练进行 PDCA 闭环管理。

编制应急演练方案时，城轨运营单位首先应同时明确演练评估的要求，确定需要评估的岗位和负责评估的专业技或管理人员，制定评估的细项与标准，编制演练评估表格。接着，在演练准备会上，对负责评估的人员进行培训，演练评估人员必须全过程、全方位参加演练，确认各演练岗位、相关设备设施的表现与演练标准的差异情况并记录在演练评估表中。最后，在演练小结会上报告观察到的情况，提出存在问题。

应急演练结束后，城轨运营单位相关部门应对演练的效果给出评价，并提交演练报告，详细说明演练中存在的问题。按照对应急救援工作的影响程度，可以将演练中发现的问题分为改进项、不足项与整改项分情况处理。通过演练，城轨运营单位能够及时发现问题，并进行改进完善，避免因预案不完善而导致事故的扩大化，从而确保预案的高效性。

第五节　城轨网络化运营的应急响应

一个完善的应急管理体系应能在事故或灾害发生时及时调动并合理利用应急资源（包括人力资源和物质设备资源）投入救援行动事故现场，针对事故灾害的具体情况，有效配置适当的应急对策和行动方案，从而及时有效地进行应急救援行动，使伤害和损失降低到最低程度和最小范围，并在最短时间内控制事故的影响范围。当出现应急事件时，城轨运营单位一般分为三个步骤完成应急响应。

一、应急事件的决策处置

在突发事件发生后，城轨运营单位应先合理地研判事件的影响，确定应急处置方案的有效性及实施时机，特别是在主要行车技术设备故障的情况下，选择故障抢修或是在设备故障情况下使用局部功能维持运行，每一个判断都有可能对事件的结果造成重大影响，非常考验应急指挥人员的经验与能力。

因此，为了制订科学合理的应急事件处置方案，城轨运营单位应当制订由城轨车站、调度机构、运营单位、政府四个层面构成的应急事件决策层。其中，政府层面主要涵盖的相关部委有：市公安主管部门及防空办、市应急办、属地政府、市安监局、消防部门、市卫生主管部门、市交通主管部门等。

制订应对应急事件的处置方案时，应先由车站、OCC 进行先期处置，并根据事件对运营服务的影响，让线网指挥中心适时介入，在线网层面组织处置；必要时由城轨运营单位决策重大事项，为应急处置指明方向，并向政府部门报告事件的影响，执行政府的指令。

二、完成应急事件的现场处置

（一）应急现场组织原则

第一，安全第一、统一指挥。由于参与抢险的各层级人员较多，实行现场总指挥总体负责制，各工作组组长向总指挥负责。

第二，逐级负责、协同作战。各工作组负责本组人员的组织、安排、信息 / 指令的收发，各工作组按分工逐级落实责任，做到相互配合。

第三，信息畅通、指令快速。保证抢险中现场总指挥与各工作组组长之间、现场与 COCC、OCC 之间的信息准确、畅通。各工作组指定专人担任联络员。

（二）应急现场组织要求

在现场指挥人员的变更方面，人员的变更要尽量接近专业、高一层级接替低一层级的原则来确立。同时，原现场指挥应报告前期的现场处置情况，将指挥人员变更信息通报 OCC 和 COCC。

在报到规范及要求方面，各工作组组长负责召集本组成员赶赴现场。各组长到达现场后向现场总指挥、COCC 或 OCC 报到；各单位支援人员到达现场后向本组报到、签名并集中待命，由该组组长或联络员通报事件情况，全程听从组长安排；参加应急抢险的人员到位后不要在站台、站厅公共区聚集，以免引起乘客或媒体关注。

在现场组织管理方面，通过包括合理安排各专业施工作业的顺序、各专业协同组织等措施，加强抢险现场管理；车站维护好现场秩序，通过围蔽等措施减小事件影响，保证非作业人员不得进入抢险现场；同时引导乘客和无关人员（含员工）不要在现场聚集逗留；安全保障组负责组织协调抢险人员、物资进入事发区间 / 现场的顺序及手段。

在现场信息的收集与发布方面，由于突发事件应急处置工作的基础是及时、准确地对应急信息的收集、传递，城轨运营单位在事发后第一现场的信息报送要求尽量准确（可通过图片、声音等发布）；及时发布现场应急抢险进度信息和重要节点信息；现场指挥、各工作组组长或联络员及时将现场抢险情况通报 OCC 与 COCC。此外，要明确应急信息分类报送规则，注意现场抢险人员间、OCC 和 COCC 之间的信息共享。各单位接收到应急信息，必要时可向下层执行人员转发，但应控制信息传播范围。

在外部支援单位的组织管理，城轨运营单位应明确外单位支援前往的报到地点及对接人的联系方式，并尽量告知抢险所需的工具和物料；在外单位支援人员赶到后，抢险保障组指派专人与其对接，组织外单位支援人员到设备房 / 会议室等非乘客服务区集中待令，并向其介绍事件概况；及时将外单位人员处理意见反馈给现场总指挥。

（三）应急响应管理架构与分工

通畅、有序、高效的应急管理架构可以保证现场应急响应的速度与效率。首先，城轨运营单位应当根据应急事件的响应级别，分情况建立沟通顺畅、层次合理的应急响应管理架构。

当应急事件预计达到区域级响应时，具体管理架构设置见图 6-4。

由图 6-4 可以看出，COCC 负责发布城轨运营单位级应急抢险指令，单位成立现场指挥部，安全保障组、抢险保障组、技术保障组、协调保障组及信息发布组随之成立。抢险保障组下设 4 个小组：通信保障、设备抢修、行车组织、客运服务；协调保障组下设 3 个小组：现场协调、物资保障、后勤保障。

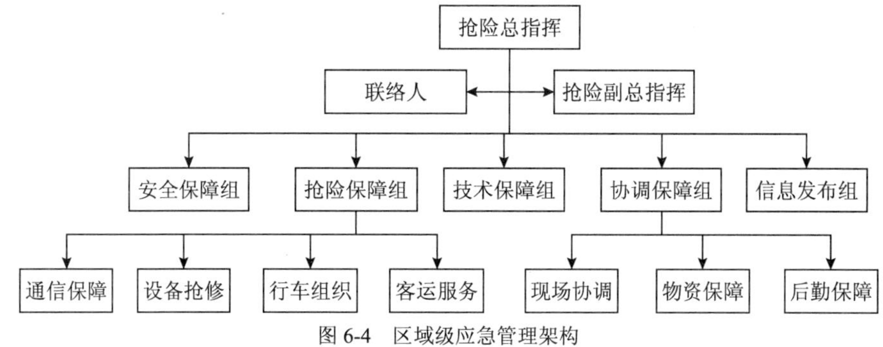

图 6-4　区域级应急管理架构

当应急事件预计达到全线网级响应时，管理架构见图 6-5。

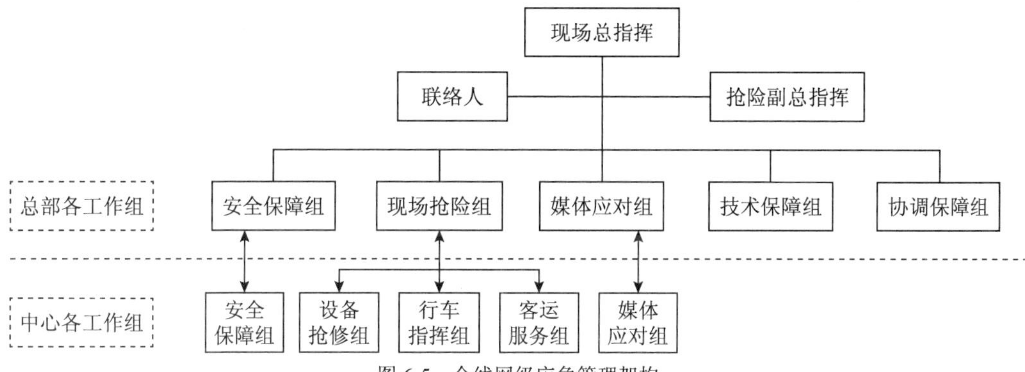

图 6-5　全线网级应急管理架构

由图 6-5 可得，COCC 负责发布线网级应急抢险指令，成立现场指挥部，安全保障组、现场抢险组、技术保障组、协调保障组、媒体应对组也随之成立。

在应急响应的管理架构之下，要明确这一架构下各小组的职责与分工，以保障应急响应管理架构的高效运作。

现场总指挥的主要职责是负责整体应急抢险工作的组织、安排；制订具体救援措施，明确各岗位分工；向抢险领导小组组长报告现场抢险救援情况。

抢险保障组的主要职责是现场抢修、行车与客运服务的维持与恢复，如图 6-6 所示。

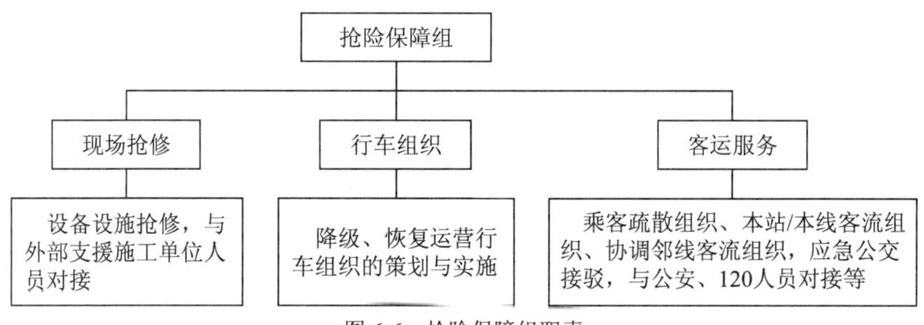

图 6-6　抢险保障组职责

安全保障组的主要职责有现场防护及保卫、安全技术支持、调查取证等，如图6-7所示。

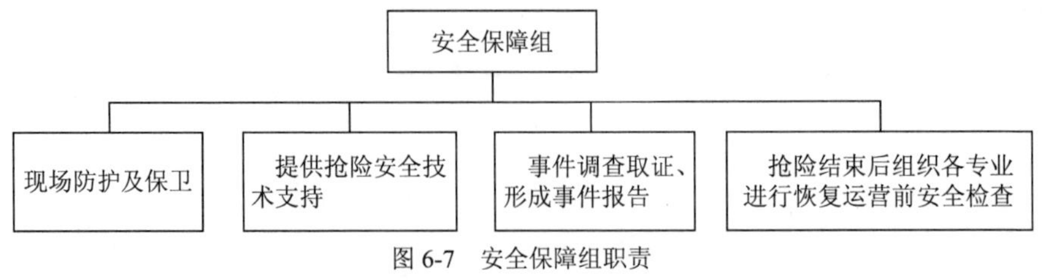

图6-7　安全保障组职责

技术保障组的主要职责是为提供技术支持与决策建议、应急状态评估与事件调查等，如图6-8所示。

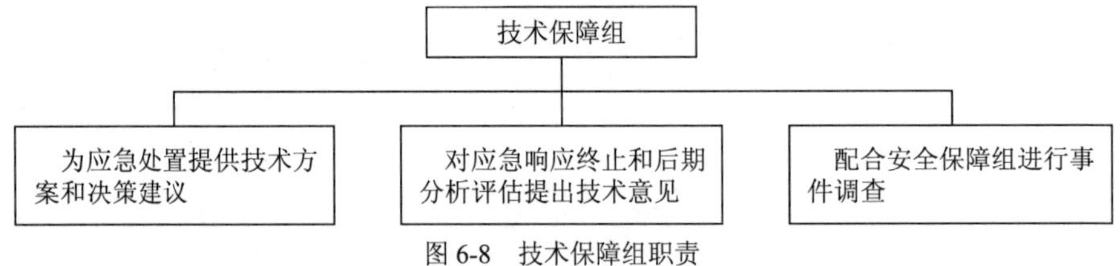

图6-8　技术保障组职责

协调保障组的主要职责是提供现场人员、物资、后勤等协调，如图6-9所示。

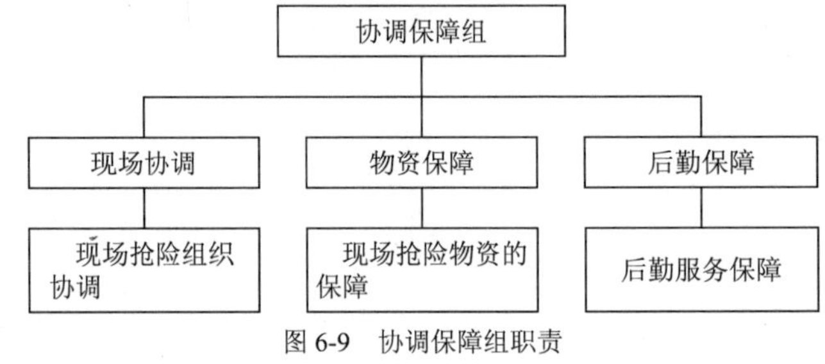

图6-9　协调保障组职责

信息发布组的主要职责是危机公关、对外信息发布与媒体沟通协调，如图6-10所示。

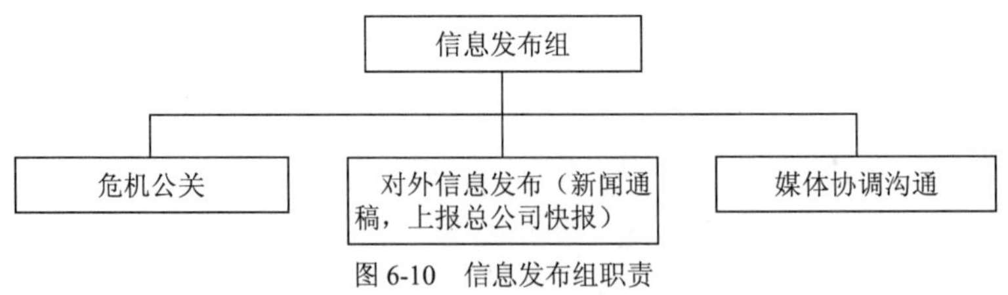

图6-10　信息发布组职责

三、应急事件的恢复与善后

当救援工作开展后，从紧急情况恢复到正常状态需要时间、人员、资金和正确的指挥，这时对恢复能力做出预先估计将变得十分重要。通常情况下，重要的恢复活动包括事故现场清理、恢复期间的管理、事故调查、现场的警戒与安全、安全和应急系统的恢复、人员的救助、法律问题的解决、损失状况的评估、保险与索赔、相关数据收集和公共关系的处理等。

（一）应急恢复

当现场应急响应工作已经完成，首先应着手的是让运营恢复到正常状态。当抢修完毕，设备正常，线路出清，应立即将信息汇报现场总指挥。现场总指挥通知安全保障组会同抢险保障组进行最后的安全检查和确认，在确认安全后，由抢险组组长向 OCC 下达恢复行车指令。抢险结束后，安全管理组组织各专业进行恢复运营前安全检查，同时，落实后续人员驻守及其他保障措施。由 OCC 接抢险组组长发出设备正常、恢复行车的命令后，相关组织恢复运营，报告 COCC，并发布信息。

（二）善后处理

在应急恢复后，由安全管理组组织事故（件）调查取证、分析，评估损失情况，并形成事件报告。同时要注意按要求在规定的时间内，把事故（件）快报报送政府管理部门。在人员救助方面，要安排工作小组，跟进伤亡人员的救治、善后处理，尽最大可能救治伤员，减少影响。

值得一提的是，城轨运营单位还应注意应急事件的危机管理，尽量降低应急事件对企业公众形象的影响。城轨运营单位应安排信息发布组落实危机公关各项工作，及时对外进行信息发布，准备新闻通稿，主动与媒体协调沟通，必要时召开情况发布会，主动引导媒体正面报道事件。

第七章
城轨网络化运营的人才发展

人才，尤其是技能型人才在保证城轨安全运营、提高企业竞争力、推动技术创新和科技成果转化等方面发挥了重要的作用。在网络化运营时期，坚持将为员工增值作为构建人力资源管理体系的重要内容，围绕人力资源“选、用、育、留”的管理体系，让企业的发展与员工的成长紧密相连，让员工分享企业发展的成果，这是确保企业常青的基石。

第一节　城轨网络化运营的人才培养理念与发展平台

一、网络化运营的人才培养理念与重点

从线路运营迈向网络化运营，必然带来大量的人才培养需求，这是城轨运营单位发展过程中一个难以回避的挑战。在这一过程中，城轨运营单位应该围绕以下五个重点进行及早谋划，统筹管理。

其一是搭建“以我为主，兼容并用”人才培养体系。

网络化运营所需要的人才队伍庞大。在整个城轨行业中，普遍存在运营人才缺失的共性问题，因此不能一味地依靠外部力量，而应该着力于建设自有的内部培训体系，以掌握足够的主动权。

其二是形成“标准化为基础，多样化为手段”的人才培养模式。

城轨运营单位要针对网络化运营的特点，通过对业务、技能特性等方面的分析、总结、提炼，将多年的运营经验予以沉淀，以形成标准化的课程体系、教材体系，达到快速复制、快速应用的效用。同时，要积极采用业务实操、带教、网络平台教学等手段，促进运营人才实践技能的形成。

其三是采用形成“统、分结合”的培训组织形式。

基于网络化运营阶段组织的分散性，城轨运营单位的内部培训体系必须因地制宜。对于能够发挥规模化效应的、标准化的培训，要采用相对集中的培训形式；对于贴近生产、内容差异较大的培训，要以一线实践为主的形式开展技能训练。

其四是重视培训硬件资源的投入和建设。

硬件资源是人才培训的重要基础，城轨运营单位一方面要通过多媒体、互联网等

新的手段，提高培训的效率、吸引力和有效性；另一方面要加大对“基地化”实训资源的投入。特别是在网络化运营阶段，由于正线运营资源紧张，人才培养的速度要求加快，如果借助离线的模拟实操，能增强新员工的实际体验，达到实操技能提升的效果。

其五是重视人才培养的系统化管理。

对人才发展，城轨运营单位要通过课程培训、实操、带教、评定、激励等系统化的方法形成量化评价，为员工的发展路径提供可预期、可视化的目标牵引。

二、网络化运营的人力资源发展平台

城轨运营单位应从人力资源战略着力开发，逐步建立人才的培养、激励、评价和使用体系，充分发挥人力资源管理的“牵引、激励、约束、竞争与淘汰”机制，营造尊重劳动、崇尚技能、鼓励创新的良好氛围，为员工构建发展平台，为网络化运营源源不断输送人才资源。具体到实际工作中，城轨运营单位可以采取如下措施：

（1）践行“以人为本、快乐成长”和“没有满意的内部员工，哪有满意的外部顾客”的人力资源管理理念。例如，广州地铁倡导“阳光文化”，人力资源管理理念力求如阳光般温暖，充分体现单位关爱、尊重员工的理念，注重激发和调动员工的主动性、积极性和创造性，并致力于为员工创造幸福、快乐、和谐的成长氛围，激发员工由“要我学”到“我要学”，实现员工与企业共同发展。

（2）采用公正合理的用工和薪酬机制衡量员工的贡献。城轨运营单位应采用“以岗定薪，易岗易薪”的薪酬体系，使得员工工资依据岗位技能水平、劳动强度等评估结果而定，按岗位相对价值确定劳动报酬的收入分配制度，公正合理地体现职工的贡献，做到薪酬与业绩、能力明显挂钩，提高单位薪酬的外部竞争力和内部激励作用。

（3）搭建宽广的员工职业发展通道。城轨运营单位通过建立包括管理类、专业技术类、生产服务类的分层分类岗位体系，确保各类岗位均具备比较完整的职业发展通道，同时可实现跨序列的职业发展，如拓宽从助理到总经理的管理人员成长通道，从技术助理到总工程师的技术人员成长通道，从初级工到首席技师的技能人才成长通道，从高级工到专业技术类的发展通道。员工既可遵循管理系列通道发展，也可选择成为技术专家，还可选择高技能人才的发展通道。宽广的职业发展通道，促使员工自觉将个人职业生涯与企业目标紧密结合，给员工成长成才创造了条件，为员工施展才华提供了舞台。

（4）完善全员量化的人才学习机制。城轨运营单位应以员工成长为目标，以“岗位标准化、全员参与、全指标量化、全过程管理”为员工绩效管理核心，综合考量员工

知识、技能、态度对工作业绩的影响，明确以“业绩与成果、技巧与方法、文化与心态、学习与成长”四个评价维度作为员工年度综合绩效评价的内容，明确以员工工作业绩为绩效评价重点，采取量化考核的方式，对员工能力与业绩作出客观地评价，力求切实体现员工岗位绩效间的差距，并达到激励员工成长、提升员工能力，进而提高企业整体绩效的目的。

第二节　城轨网络化运营的人才培养体系

构建完善的“四个体系”（培训组织体系、课程体系、培训师体系、鉴定评价体系），完善实训基地及信息化管理平台的建设，是城轨运营单位进行人才培养及开发的有效保证。

一、人才培养的组织体系

网络化运营下的人才培养，应该在立体架构上体现两个特点：一方面，在横向能够聚焦资源，建立专门的培训组织机构，体现一定的专业聚合能力，能够适应批量化人才培养的要求；另一方面，在纵向能够实现统牵，各个层级设置不同的职责定位与权限分级管理，以适应线网运营管理对人才培养的迫切要求，为网络化运营管理提供人才支撑。

广州地铁在立体架构设计上，横向成立了专门的培训中心，并按管理流程分培训规划、课程开发、资格认证 3 个职能，纵向建立了总部—中心—部门—基层各司其职的培训组织体系。在人才培养的过程中，注重员工岗位知识与技能的培养，健全各级各类岗位胜任知识、技能和能力标准，匹配响应的课程体系和学习地图，系统开发相关知识资源，明确岗位学习和评价标准，辅以信息化平台和手段，实现内部知识的沉淀、开发、学习、应用和考核的全流程管理。

二、人才培养的课程体系

持续推进核心专业课程设计与开发，才能匹配网络化运营人才发展的培训需求。广州地铁课程体系的设计开发工作以能力培养为基础，通过组建实践专家团队进行实施模式，科学分析岗位工作任务（ADDIE 模型）、能力培养清单，开发对应的课程包（讲师手册、学员手册、培训教材、评估试题等），精心设计员工的成长路径，构建员工在企业学习发展的学习路径图，即员工可以看到自己成功的终点以及通向成功的路径。在路径中，应知、应会、应熟练的学习内容被清楚有序地标示出来，同时，根据学习内容的特点，也标注了最佳的学习方法、资源配置、测评标准以及不同学习阶段的里程碑。这样既建立了培训的规范和标准，也为培训资源的使用和规划提供了依据，整合了培训的相关资源。

通过系统开发各岗位员工的学习路径图，引导员工在合适的时机培训，采用正确的方法、学习恰当的内容，保证培训质量，并提升培训效度，提升人才培养的效率。目前，广州地铁已完成地铁十大专业 297 门课程的设计和规划，已开发出课程 141 门，覆盖了所有核心专业的初级岗位课程；专业技术类岗位开发了 34 门课程，多媒体课件 51 门。课程开发的工作内容还包括出版《城市轨道交通运营筹备与组织》、《城市轨道交通岗位技能培训教材》等 20 册涵盖城市轨道交通一线生产专业的岗位技能培训教材（由中国劳动社会保障出版社出版，见图 7-1）。该系列教材的成功出版打造了广州地铁的优秀培训品牌，为城轨运营管理知识与技能在行业内传承发展创造了良好的基础条件。

图 7-1　城轨岗位技能培训教材系列丛书

三、人才培养的讲师体系

为保证人才培养工作，进一步强化讲师队伍的培养，广州地铁按照认证讲师及星级讲师两种模式完善了培训讲师体系的建设，通过搭建讲师队伍的“选、用、育、留”机制，培育出符合线网发展的讲师队伍及开发出一系列的精品课程，为广州地铁培训管理的整体工作及知识管理的输出提供了强有力的运作支持和资源保障。

（一）认证讲师

认证讲师基于认证课程体系而产生，分为初级、中级、高级、特级、资深5个等级，同时按照积分制的方式进行管理。在实际工作中，每完成一门认证课程的认证，即可进行对应认证课程的培训师选拔聘任。认证培训师选拔聘任流程采用人员提报—资格审定—试讲准备—试讲评审—聘任公示的步骤进行。其中，在试讲环节中，采用模拟授课的方式，由学员评委和专家评委集中对培训师进行评分。评分维度包括：形体体态、语言表达、内容组织、互动表达四大方面。总分达80分以上人员可认定为评审通过。

（二）星级讲师

采用个人自荐及组织推荐的方式，每年度开展一次星级讲师的选拔，选拔的资格标准主要是从岗位职务、工作经验、授课经验及课程开发成果四个方面来进行综合考虑。同时根据其授课量、授课效果及岗位层级，分为三星、四星、五星级讲师，作为认证讲师队伍的补充，满足网络化人才培养的需求。

广州地铁通过建立完善的培训讲师体系，建立事业部、中心、部门、分部、班组五级培训专兼职管理队伍，专职培养人员近30余人，兼职培训管理人员（含培训师）近1300余人（其中星级918人，认证培训师309人），占运营事业总部人数7%。培训讲师体系在日常业务培训、技能比武、岗位练兵等工作中发挥重要作用，为广州地铁培训管理的整体工作提供了强有力的运作支持和资源保障。

四、人才培养的鉴定评价体系

常言道："员工只关注你所评价的"。在网络化运营发展的当下，如何充分运用有效的评价工具，激发员工内在的、自主的学习动力，拓展人才培养的工作思路是城轨运营单位开展鉴定评价的重点研究课题。广州地铁结合岗位职责、素质能力模型、组织绩效、岗位能力标准等要求，变"伯乐相马"为"赛场选马"，充分发挥员工绩效管理"牵引、激励、约束、竞争、淘汰"机制的功能，激励员工深入思考与学习，不断提高综合素质和岗位技能，并为绩优员工提供脱颖而出的平台，为广州地铁人才队伍建设注入"活力因子"。

目前，广州地铁已形成以工作业绩为重点，注重建立员工的核心技能鉴定评价体系，并已形成独具广州地铁特色的以“核心能力评价—业绩评定—实操考试—理论考试”四个环节为核心的高技能人才培养工作体系，建立了能上能下的高技能人才评价机制，激发员工积极学习业务及技能的积极性，业绩评价侧重于测评员工解决实际技术难题、国产化技术改造、科研技改、技术革新、合理化建议项目、课题攻关及传帮带能力。

通过构建科学合理的鉴定评价体系，能积极营造比学习、比技能的好风气。广州地铁把工作绩效考核引入培训管理，建立员工绩效档案，通过对员工日常工作表现的技能进行及时的确认和记录，以此作为培训以及晋级晋升的一个依据。在制定业绩评价标准的同时，还组织各工种的参评人员将整理好的业绩申报材料在单位内部进行公示，然后由评审专家组对参评人员的业绩水平组织评审面试，全面考核参评对象的业绩水平。对业绩评审合格但未能达到优秀的人员组织技能考核、理论测评。评价体系中的环节层层相扣，能确保评价客观公正和科学合理。

五、实训基地的建设

网络化运营由于对人才培养的巨大需求，必须做好实训基地的建设。实训基地应该立足各专业系统联动的员工实训需求，以提升员工技能操作水平为目标，集中各层级核心资源，有规划、有步骤地开展实训基地建设工作。

实训基地应该围绕着搭建“综合型—专业型—操作型”三位一体的硬件培训系统的目标，结合新线建设及科研技改工作逐年分解目标，逐步建设推进。依据拥有的资源优势不同，各级网络培训功能定位有所不同，对应建设及培训重点也有相应差异：

（一）综合型实训基地

其定位侧重于满足总部核心专业员工技能的系统性认知培训（图 7-2），以及专业间设备联动运作、综合演练，通过设备部件组装、废旧设备改造、模拟系统及仿真设备资源开发等方式开展建设实施工作。

（二）专业型实训基地

其定位侧重于满足本车辆段及线路特性要求下的员工技能加强型操作培训（图 7-3），通过本中心及车辆段自有的典型设备，开展建设实施工作。

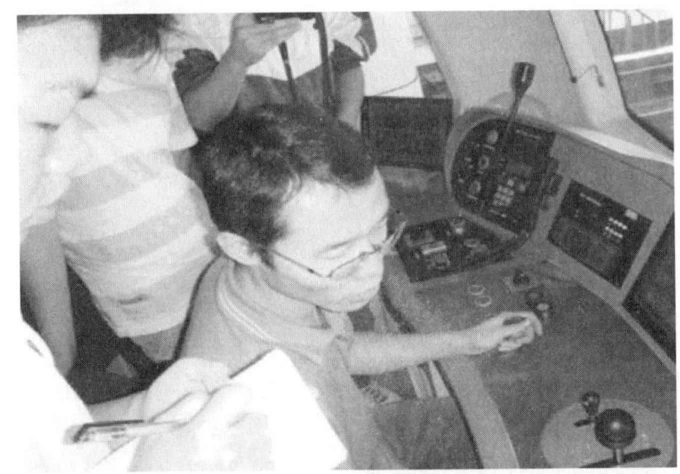

图 7-2　驾驶培训

图 7-3　厂内抢修比武

（三）操作型实训基地

定位侧重于满足各专业员工具体性、针对性的设备操作、设备（部件）拆装、具体故障检测维修、工器具使用操作等技能培训，作为各专业员工技能培训周期中资源需求最具针对性的部分，通过借助各工作现场（例工班区域、正线等）实际设备开展培训工作（图 7-4）。

以广州地铁"综合型实训基地"为例，它是行业实训基地的建设典范，是广州地铁广大员工发挥自力更生、勤俭节约、勇于创新的精神，利用生产冗余、退役及淘汰类设备，通过维修、翻新、拼装等方式，花费大约 7 个月的时间实现的，被誉为广州地铁的"南泥湾"。

图 7-4　场外轨道作业

该实训基地侧重于实现线网系统下广州地铁核心专业员工技能的系统性、认知性培训和典型设备拆装讲解、废旧设备改造、专业设备系统说明、模拟系统及仿真设备培训、专业间设备联动运作及大型综合应急演练培训。通过模拟仿真、实物展示、展板说明等多种形式，共建成了包括站台接触网（轨）、安全门、模型车、供电专业设备实训室、信号专业设备实训室、AFC 专业设备实训室、车辆部件组装实训室和综合监控实训室等在内的 18 个实训室（场），设备种类覆盖到了城轨 15 个核心专业，可实现约 400 人的同时培训。该基地集专业实训室、课程教研室、技师工作室、技能鉴定室功能于一体（图 7-5），可实现“新产品、新功能、新工艺”的综合测试及研发，高技能人才选拔鉴定，课程开发运作及教学研讨等一体化联动运作。

图 7-5　模拟驾驶培训基地与培训教室

六、信息化管理平台的完善

基于网络化运营管理对关键岗位员工能力“快速、有效”复制的需求，广州地铁提前规划，加快推动知识体系建设步伐，围绕“隐性知识显性化—显性知识结构化—结构知识电子化—电子知识移动化”的核心思路，健全知识管理的信息化管理平台，最终实现“个人知识企业化”的人才培养传承及发展，确保线网发展下的人力资源智力支撑。信息化管理平台主要包括以下三个方面。

（一）培训门户网站

培训门户网站是城轨运营单位培训工作统一性、集成性的视图窗口，广州地铁基于单位内网门户环境建设，实现内部课程资源、讲师资源、培训知识、培训制度等培训资源的分类及共享管理。

（二）培训管理平台

培训管理平台立足于系统化、信息化地提升与总部题库的资源管理能力，有效缓解日趋增长的总部员工培养评估组织压力，广州地铁通过外部引入、内部开发相结合的方式，引入应用“总部—中心”两级培训学习 / 在线考试平台。

（三）培训微讲堂

广州地铁的“培训微讲堂”——移动培训平台依托内外资源平台（微信及GLINK）搭建而成，通过建立总部移动学习知识内容库，并完善相应运行机制，实现面向不同专业类别员工培训体系，主动、即时推送培训内容，实现内部知识的移动化学习，提升培训学习的便捷性。

第三节　城轨网络化运营的人才培养实践

在实际工作中，城轨网络化运营的人才培养，应该秉承“以人才牵引城轨发展，以城轨发展造就优秀人才”的人才综合素质培养开发理念，以在岗实践锻炼和短期脱产培训为员工培训主要方式，以岗位技能培训、管理才能发展培训、企业文化及企业改革适应性培训、新员工培训等为主要内容，并采取师徒带教、岗位演练、技术比武、集中授课、技能认证、网络学院和送外学习等多种方式，加强员工对岗位知识和技能的吸收、巩固、发展和提高，为网络化运营打下坚实可靠的人才保障基础。

一、管理人员培养

城轨运营单位推动建立以“团队学习”模式为核心的团队管理人员的培养体系，围绕“参加一次培训、讲授一堂课程、辅导一个团队、解决一个问题”核心思路实施企业导师、教练制的人才培养，通过融合传统的课程培训、管理人员授课、导师 / 教练辅导、行动学习等各种人员能力提升技术，创造一个形式多样，聚焦现实工作的学习平台，形成企业内部自主培养管理人员的良性学习机制。具体措施如下：

（1）切合培训需求，组织课程培训。为各级管理人员策划精彩、实用的培训课程，充分满足管理人员接受培训的需求。

（2）传授知识、技能，提升部属综合能力。倡导各级管理人员对部属开展授课活动，管理人员通过参加一次课程，把所学的知识与技能进行内化传达，并给自己的下属进行传授。

（3）全面推进团队学习，促进交流，创新“团队学习”的培训模式。由各级团队管理人员组建 65 个学习团队，每个学习团队在教练与导师的辅导下，组织经验分享、问题研讨等学习环节，促进各层级成员互相学习、互相交流、最终达到共同成长的目标。

（4）结合实际问题，提升培训绩效。各学习团队在培训期间还结合团队成员在实际工作中遇到的问题进行研讨。通过教练与导师的引导最终形成问题解决方案，为总部沉淀相关的经验与案例。

二、技能人才培养

（一）订单班模式

订单班模式是以订单班培养为手段的校企合作模式，是整合各方培训资源，回应网络化发展的技能人才快速培养与储备需求的机制。合理规划订单班学员的培养课程及学习内容，将部分专业课程前置至学校课程中进行，按照校企合作的

“1+1+1”人才培养模式，充分利用订单合作院校教育教学的资源优势，通过建立常态化的沟通机制，培养一支综合素质高、实训能力强、岗位认同度高的订单班学员队伍，最终实现从学员到企业准员工的无缝对接。

订单班培养具体分五个阶段开展人才培养：一是订单前期与各专业院校明确培养目标，签订培训协议，制定培养课程大纲；二是订单培训过程中加强过程的监控及指导，确保在校培养实施过程中实现签订的培养目标；三是编制评估试卷，根据在校培养内容开展验收评估，确定阶段培养合格人员名单；四是与验收合格人员签订培训协议（站务 3 个月、驾驶员 8 个月，维修 6 个月），组织以安全、职业心态、企业文化为主要内容的入职教育，开展有针对性的岗位理论及技能培训；五是组织上岗前的理论考试和实操评估。在以上五个步骤中，参培人员在任何阶段被评估不合格，均需中止培训协议。

在与院校合作过程中，广州地铁主要采取“走出去、请进来”的合作方式。“走出去”即与合作学校共同确定和调整各专业的培养目标和课程设置，与合作学校共同制定实训方案。“请进来”即聘请相关学校经验丰富的教师到企业给员工进行培训，充分利用双方各种培训资源实现优势互补，积极开展高技能人才的培养工作。“订单培养”模式的实施，有效地确立了技能型人才的专业结构，优化了人才培养的流程，为技能人才的培养和评价打下良好的基础，以满足网络化运营期间运营实务及高密度新线开通对大量技能人才的需求。

（二）职业技能竞赛

以“提高职业技能，增强竞争力”为主题，广州地铁搭建员工快速成长练兵场，积极开展广东省、广州市职业技能竞赛，通过打破职称、资历和工作经历等条件限制，放宽参赛资格的限制，既达到“以赛促教、以赛促学、以赛促改”的目的，又为具有真才实学、过硬本领的优秀技能人才脱颖而出搭建一个和谐公开、公平公正的竞技平台。以此进一步培养人才、挖掘人才、锻炼人才，增强员工素质及企业的竞争力，促进网络化运营的科学发展。

通过搭建职业技能竞赛的平台，促进员工技能的提升，激励员工在岗位上成才，通过树立岗位标杆，让员工在竞赛中成就自我，在竞赛中成就榜样，在大大激励员工本人的同时，也必将为进一步深化网络化运营各项工作中形成的“比、学、赶、帮、超”局面产生良好的推动作用。

职业技能竞赛活动，一方面有效地推动了职业技能培训工作的广泛开展，促使各级更加关心员工队伍职业化的建设，从而更加重视职业培训工作，为员工职业培训提供和创造条件；另一方面为员工提供了展示和表现的机会，通过竞赛明确岗位技能提高和岗位成才的方向，使员工梳理了自己的知识和技能，让员工们看到自己与高水平技术要求、高水平人才表现的差距，从而努力找出不足，提高自身技术业务水平。经了解，几乎所有员工在竞赛结束后都对能力或技能的欠缺方面进行了查缺补漏、及时充电，并表示竞赛对日常工作也提供了很好的借鉴意义和促进作用。

通过技能竞赛活动，职业资格证书的持有人数进一步增长了，这将为员工在未来的职业晋升奠定基础。特别是省级二类项目为参赛者开放职称、资历和工作经历等条件限制，放宽参赛资格的限制，体现了职业技能竞赛“不拘一格降人才”的精神，同时，也打破了“论资排辈”的现象。只要符合条件，就可以在同一平台上进行公平比赛，只要有真才实学，就有机会获得高一级或更高级职业资格证和省或市级荣誉，这一举措对引导员工学业务、比技能也起到很好的激励作用。

三、新员工培训

（一）应届大学生培训

应届大学生培养以储备管理人员的职业发展为原则规划，根据大学生所学专业和岗位胜任能力模型，将大学生培养分为运输管理、维修技术、职能专业三大系列，分别设置岗位培养目标，系统性地进行储备管理人员的综合素质培养。

应届大学生培养的三大系列均以岗位培训为主、脱产培训为辅，加强现场操作能力的培养和对相关岗位的认知，同时通过在岗培训的任务及课题调研、轮岗培养，快速反应及事件现场流程优化及技术攻关等项目，逐步拓宽岗位专业学习、管理能力培养的范围。

培训周期结束后，应届大学生可根据岗位需求、培训和获证情况，最终选择职业发展方向，参加对应岗位的后续培训或岗位的评聘工作，以达到综合培养的目的。

（二）其他新员工培训

广州地铁的新员工岗前培训实行“统筹管理、分级负责”“先培训后认证”的管理模式，统筹策划新员工的学习路径，培养以认证课程为主线、以实操能力为重点、以协同管理为手段，通过单次评估、阶段性评估及上岗评估，达到充分利用资源，协同提升新员工岗位认同感、岗位胜任力的目的。

与此同时，还可以按照“训前有目标、训中有考核、训后有评估”的原则，加强新员工的统筹管理。所有新员工除参加本岗位的培养，通过“认证课程考核 + 培养期满考核”获取上岗证外，还需参加有业务接口的其他专业的轮岗实习，并以此作为培养岗位技能通才的途径。在培养期内，采用班级制形式对各专业新员工进行管理，配备双班主任（培训管理的人员及专业导师），对新员工给予全程指导与帮助。各专业新员工通过本岗位培养、轮岗实习等方式，加强对相关专业知识技能的学习，深化对本岗位知识技能的认识，拓宽职业发展路径，成为网络化运营所需的复合型人才。

四、企业大学培养

基于多年来开展外单位培训的基础及经验，广州地铁创新开展企业大学培养的模式。2010 年 11 月 4 日，广州地铁采用“企企联盟”的合作模式，联合另外七家城轨单位合作成立了国内第一家城轨行业培训机构——“广州城市轨道交通培训学院”，为城轨行业高效优质地培育所需的各类应用型、复合型、创新型技能人才。截至 2014 年 12 月，培训学院先后承接了台北捷运、高雄捷运、上海地铁、深圳地铁、苏州地铁、杭州地铁、南车株洲电力机车集团、马来西亚维保公司等 30 家城轨企业、2 家车辆生产厂家和 15 家铁路院校的技能、专业和技术人才的培训工作，共涉及 26 个城轨专业，培训总量超过 30 万人天。企业大学的培养模式，既锻炼了城轨运营单位内部员工队伍的业务能力，促进内部培训体系的健全，也擦亮了广州地铁的品牌。

第八章 城轨网络化运营的危机管理

国内城轨蓬勃发展的时期，同时也是社会结构转型、公民意识发生剧烈变化的时期，经济发展机遇与社会矛盾的凸显并存，给城轨行业的危机管理带来了前所未有的严峻挑战。随着社会、经济环境改变的还有舆论传播环境，传统媒体与新兴媒体在公共传播中的作用正发生着颠覆性的改变。在此环境下，“网民”不再只是“上网的人”，而是拥有越来越强烈的权利主张和表达意愿的行动者，他们渴望在开放平等的对话中实现和发展自己，渴望建立健全公平互惠社会机制。面对瞬息万变的舆情环境，广州地铁早在 2007 ～ 2008 年间，就开始探索城轨行业的全面危机公关管理，并根据网络化运营的形势变化，不断加以调整、优化，逐步构建一个科学、规范、有效的危机管理体系。

危机事件处理可以分为前期预防、过程处理和事后恢复三个步骤。在网络化运营阶段，由于运营规模大、影响范围广，城轨运营单位进行危机管理更应围绕危机事件处理的全过程建立完善的危机管理体系，以进行有效的危机管理。

第一节　城轨网络化运营的危机管理体系

谈起危机，人们一般会想到“没有时间”“信息不够”“心理冲击”等词语，而危机处置指的是事实层面的救急、交涉、补偿，也就是我们平时说的危机事件的处理，然而危机管理除了这方面的内容，也包含危机管理的体系建设。城轨运营单位的危机管理体系，建立在对乘客权益的保护和对自身服务质量追求的基础上，最终与危机事件受影响方重建利益互惠机制和意义分享机制。

一、建立危机分级体系

危机管理的关键之一在于建立合理的危机分级体系。参照该体系，城轨运营单位能够对危机影响进行预判与评估，确定危机管理的人员配置和具体。

危机事件级别的基本划分是从事实层面和价值层面两方面进行考虑的。事实层面主要参考安全生产体系，如晚点时长、伤亡情况等进行划分；而价值层面主要是通过公共舆情来加以定位，也是城轨运营单位应当采取的划分方法。当事件发生后，如有负面新闻，但在媒体的影响面比较小，仅有零星几个普通市民通过个人社交媒体平台（如微博）发布相关内容，且转发和评论数很少，可以把它界定为四级危机。而若事件在一段时间内事情未能得到妥善处理，导致部分省市级媒体介入，少量30万及以下粉丝级的地区性微博账号关注，危机就可能就自动升级为三级危机。

根据危机事件在单位内发生的可能性及对单位正常运作和品牌声誉的影响程度，即按社会讨论的范围、主流媒体的介入程度、网络媒体的介入程度、意见领袖的介入程度来综合考量，城轨运营单位可以对危机事件设定响应的级别。这种划分方式更重视我们上文提出的意愿梳理和社会舆论影响，是更合理的危机分级体系。

按照以上的分级，广州地铁对危机事件影响进行预判与评估，将危机总体划分为四大类，每类危机对应一个应对系统，即四级危机（蓝色系统）、三级危机（黄色系统）、二级危机（橙色系统）和一级危机（红色系统）。该四大级别的危机应对系统，将激活对应的危机管理小组，例如一级危机将对应最高级别的红色系统。

危机管理小组包含领导组、宣传组、综合协调组、现场处置组、财务组、法务组等，城轨运营单位还可以按实际需要考虑是否加进外部专家和外部公关咨询公司。

每个危机管理小组要解决的就是危机发生时人员的配置和分工问题，具体作用如下：一是针对潜在危机准备必要的应对措施，尽快控制事态的发展；二是当需要处理危机或面临危机状况时，立刻集结，共同商议制定危机应对策略；三是确保危机期间信息传递畅通对称；四是准备、审核及更新危机沟通计划和需要发布的信息；五是准备危机后的分析报告；六是计划及实施日常的危机模拟演练。

二、搭建舆情监测体系

危机管理的前提是必须要有危机意识，既要形成日常的换位思考方式，落实在点滴的工作中，又必须形成日常化的舆情监测体系。在网络化运营阶段，紧急事件一旦发生，就具有很强的“传播性”，因此，舆情监测与问题管理成了危机预防的关键举措。城轨的舆情监测主要体现舆情信息共享平台：手机端为“城轨舆情资讯”微信公众号，每天向内部用户发布媒体上关于城轨行业的最新信息；PC端为在内网设置“舆情栏目”模块，实现信息实时传递、新闻的有效跟踪和有效存档。在大线网环境下，舆情监测小组主要负责对监测到的信息进行鉴别、分类和分析，使其更有条理、更突出地反映出危机的变化，并从公关角度提出媒体应对策略建议，提供相关新闻信息链接，对可能存在危机风险点进行提示，供决策层及相关部门参考。

做好舆情监测，需要每天都收集来自各种平面媒体、网络、电视、自有媒介（论坛、微博、服务总台）舆情信息，这种监测有助于进行“问题管理”，对一些可能出现危机的事件给予持续关注，通过内部的相关举措控制事态的不良发展，达到“预控”的效果。另外，每次在重大项目或活动进行实施前，城轨运营单位也会进行策略研究，对可能引起危机的各种因素和危机的表象进行严密的监测、鉴别、分类和分析，估计未来可能发生的危机类型及其危害程度，并在必要时发出危机警报。

三、建立良好的公共关系平台

俗话说，凡事预则立不预则废。危机预警一直是广州地铁重视的一环，考虑到公众关系管理是危机管理的重要预防措施，构建良好的公众关系能为危机公关打好可依赖的舆论基础。

在公共关系的培养与建设上，城轨运营单位需要做到如下几点：

（一）积累协助进行危机管理的人脉资源

除了普遍受到重视的媒体，还要注意累积第三方，如意见领袖、行业专家的人脉，这也是目前各城轨运营单位大力推进的。其中，第三方指的是在人际传播网络中经常为他人提供信息，同时对他人施加影响的“活跃分子”。在日常加强保持与意见领袖们的联系，比如开通新线时，邀请他们过来试乘“拍砖”、逐一回复他们提出的意见和建议等，重视和他们的沟通，能够有效避免舆论危机的发生。

（二）加强沟通平台的共建

首先，城轨运营单位要为市民提供投诉的渠道，如设立信访和服务热线等，及时解决收到的市民投诉，化解危机于苗头时期。

投诉反馈的渠道建设是被动的沟通方式，城轨运营单位应在此基础上主动进行沟通平台的共建，增进地铁与社会机构、公众的相互了解与理解，对于促进地铁和谐发展、避免危机出现有着非常重要的作用。具体可以采取的常见的预防性措施包括：

（1）与乘客、社会特殊群体、周边交通运输单位、社区街道、学校等开展丰富多样的常态化交流与共建活动，例如，联合广州残疾人联合会举办了专项的地铁无障碍设施讲座，与社区街道开展了居民爱心帮扶活动，与公安地铁分局开展警站共建等等。

（2）定期通过宣扬安全、文明乘车的“地铁开放日”、城轨“下午茶”、站长接待日等活动，加强与乘客的沟通，广泛听取意见，使更多的市民“用地铁、懂地铁、会地铁”。

（3）针对某个待解决的问题或风险点开展面向特定人群的交流活动。例如，在大线网环境下如果需要解决某个特定地区交通缺陷，面向该地区的人群举办相关活动。广州地铁在六号线开通前，为新线的开通做好了舆论铺垫：邀请金沙洲街道办、咨监委试乘六号线，邀请沿线居民参与六号线首期市民见证会。通过开展与相关社区的共建活动，广州地铁帮助线路开通赢得意见领袖和普通公众支持，避免了舆论危机的发生。

（4）为市民提供便捷化的出行支持和人性化的服务措施。随着线路的增加，客流控制、票价、线路换乘等许多方面都会发生变化。走进社区宣讲、开展知识竞赛、派发小册子等多种形式的市民活动，可以帮助市民更快地适应大线网的环境，提高安全文明乘坐地铁意识，从而预防发由于线路扩展太快给造成市民不适应而引发的危机，有力提高公众的满意度，实现有效的双向关系管理。

上述的预防性措施可以根据面对的危机特点和运营内外部环境进行不同的选择。

四、完善应急预案及信息库

危机管理另一个关键点在于建立应急预案及信息库。一旦需要危机管理的情况发生，城轨运营单位可以从中调出相关资料，成为危机管理的参考。

应急预案包含常规预案和专项预案两种，常规预案指的是广州地铁的危机信息传播指南，针对重点危机议题给予相应的危机信息策略表、核心信息框架及各类声明模板等。而专项预案针对性更强，比如去年六号线开通前，为了尽可能地引导舆论，为新线开通创造相对宽松的舆论环境，广州地铁和专业公关合作开展广州地铁六号线危机公关管理专题研究项目。借助访谈、实地调研、文本分析等研究方法，完成首份新线公关方案，即《广州地铁六号线首通段关键风险点公关传播预案》。

公关信息库包含日常舆情的整理存档、危机事件来龙去脉和应对过程的记录、培训和演练的报告、同行业或优秀或失败的案例等，是城轨运营单位进行危机事件处理的宝贵资源。

五、危机公关培训和演练

危机公关培训和演练能够有效提高城轨运营管理者在突发事件发生时的应对

能力，有效控制事件的负面影响。无论是对于领导管理层还是一线员工，提升其危机管理能力和媒介应对水平都是社会大环境对其提出的内在要求。由于危机管理能力的提升离不开日常的积累，因此要在日常工作中加强危机公关的培训和媒体应对的模拟演练，实现理论和实践双管齐下。

在危机管理培训方面，一是强调全员化，重视一线员工公关素质的提高，使危机公关手册落地，避免出现因车站人员危机意识不足、或因问题处理不完善、对危机判断不准确、媒体应对技巧不足等激化危机的情况；二是强调专业性，邀请专业公关咨询人员前来为经常需要面对媒体的运营管理主要领导、各级新闻发言人授课，帮助受训人员提升新闻发言技巧。

在危机管理的演练方面，要在目前的生产演练中加入危机公关的应急演练，采取双盲演练形式，模拟突发事件或结合突发事件开展。对车站一线员工公关应对能力及媒体接待技巧进行摸底测试，以做好公关应对及媒体接待。例如，通过深入某条线开展突击采访演练，预设题目，考察一线人员应对情况，全场录像，并组织点评指导。

六、运营服务的规范

危机的防控重点，在于建立“红线意识”和“底线意识”。例如，广州地铁通过分析过往的服务案例，发现容易出现乘客纠纷、受到投诉甚至媒体曝光的服务行为，参考安全管理“十防”的做法，总结成了“服务十戒”：

一戒肢体冲突、推拉踢打。

二戒粗言恶语、顶撞训斥。

三戒歧视侮辱、冷嘲热讽。

四戒怠慢敷衍、应付了事。

五戒态度冷漠、推诿卸责。

六戒业务生疏、错引误导。

七戒主观臆断、信口开河。

八戒举止失当、粗鲁无礼。

九戒形象邋遢、衣冠不整。

十戒嬉闹闲聊、行为散漫。

规范化运营服务的举措不仅能够有效防止出现恶性服务事件而陷入危机管理的困境，而且还能通过规范化城轨运营服务，树立良好的企业公众形象。

第二节　城轨网络化运营的危机处理

一、危机处理的“三权”原则

城轨运营危机处理的关键在于建立乘客对城轨运营单位的信任与信心。

城轨运营车站近期成为了恐慌事件的高发区。自从2014年以来，全国各地相继发生恐慌事件，尤其当某市火车站发生了砍人事件后，更是人心惶惶。又如，某市地铁先后发生多宗因乘客纠纷、打架、晕倒等各种原因导致乘客群体恐慌的事件。在几起事件中，都出现事件当事人安全，但恐慌走避的乘客相互踩伤、擦伤等的现象。以一个非常具有代表性的案例来说明，两个人在列车的第一节车厢上吵架引来旁人关注，事件中，第一节车厢的乘客在整个过程中非常冷静，只是为了避免卷入冲突向后面车厢散开后，但相邻车厢的乘客却因为不了解事件的来由，恐慌的情绪快速蔓延导致人群向后面几节车厢拥挤，恐慌性失控行为出现，有人甚至直接将列车车门解锁，拉停列车。上述案例说明，在危机出现时，造成危害的大多数是由于人们对事情“不明真相”，导致信任和信心的缺失，往往使得“无端生事、小事化大”。

如何重建在城轨公共区域中对安全的信任和信心，成为了危机管理的关键。这个问题需要全社会的共同参与，才能够从根本上得以解决，但从城轨运营单位来说，充分的满足乘客的知情权、提醒权、安抚权，就是解决问题的根本出路。具体来说，就是保证公众知道事情发展的权利、公众获得提醒该如何行动的权利、公众获得安抚的权利。

（一）知情权

知情权强调的是及时告知各利益相关方有关危机的信息，如建立新闻中心，指定新闻发言人，通过媒体及时准确地、透明地告知公众事态，并且与事件直接相关者面对面沟通，以控制事情的进展，防止危机蔓延。

广州地铁一直致力于打通信息沟通的平台，一旦发生故障延误等突发情况，除了传统的广播、告示、乘客信息显示系统进行及时的信息告知，还积极建设手机APP、微信、微博、电台、电视等信息沟通平台，充分满足乘客的知情权，见图8-1。此外，还在应急预案中明确，不同影响程度的危机事件应选择相应的载体、时机和规范口径。

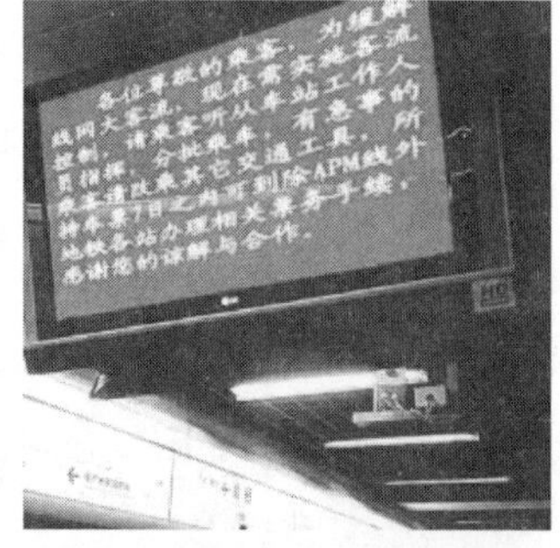
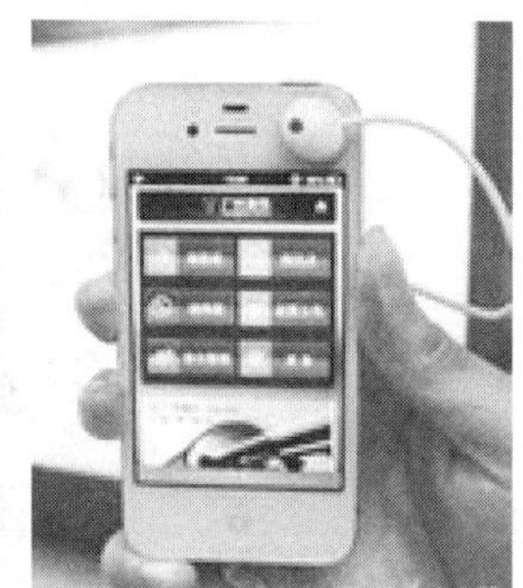

图8-1　乘客信息沟通媒介与手机软件

（二）提醒权

提醒权强调的是指导乘客面对紧急事件该如何去做，如告知乘客发生信号故障在隧道内应怎样有效疏散，如何换乘其他的交通工具等，让公众在意外事件发生时知道该怎样正确行动。值得注意的是，这些行动也需要在日常地铁的安全文明宣传中有所体现，提醒公众在遇到各种突发状况时要采取怎样的紧急措施。此举保障乘客提醒权的关键，能够避免一些突发事件演变为危机事件。

（三）安抚权

安抚权关注的是城轨运营单位的态度问题。在任何时候，都要从公众而非从单位利益出发，证明城轨运营单位对所有利益相关者的关心，例如，密切关心意外事件中的受害人、前线人员，同时也要关心内部员工及直接责任人的心理变化。具体到实践，广州地铁立足于现场运营故障下的乘客需求，推出多项人性化举措，做好乘客的安抚（图8-2），像是推出《致乘客信》、赠票、设置公交接驳等候区、印制应急公交指引、在特定车站设置绿色通道等服务。

图8-2　乘客安抚

二、危急处理的核心

危机处理的核心为意愿梳理。

进行突发事件处理时，首先需要先把“人”置于重要地位，因为人与人之间的“意愿冲突”往往是危机酝酿、发生甚至蔓延的根本原因。发生突发事件时，城轨运营单位第一步就是完成意愿梳理，理解并尊重各方的诉求，有时不仅能降低事件的负面影响，甚至可以转“危”为“机”，“举牌哥”事件就是这样一个典型案例。

2010年，某城轨运营单位计划将一号线车站进行统一翻新改造。从小就在一号线沿线长大的一名中学生对此持反对态度，认为一号线承载了该市年轻居民的成长记忆，统一的翻新改造将破坏一站一景的装修特色，并且翻新工程庞大将会产生大量烟尘，污染地下空气。

5月3日到8日，该名中学生打印了200多份传单，放学后在某地铁站发放，并举着“请支持联名反对一号线‘统一化’翻新行动”横幅，在地铁口收集市民签名，仅三天时间就收集了300多个市民的签名。这个事件在微博上被转发过万次，被全国媒体大量报道。

针对此事件，该市城轨运营单位为了防止其影响继续扩大，变成公关危机，三度公开回应质疑，其总经理主动约见该中学生，并确定最终工程只作局部翻新，在尽量保持总体风格的基础上，兼顾安全、节能、环保、节约的需求。

对该城轨运营单位的应对举措，《人民日报》发时评表示认可，认为约见“举牌哥”是主动疏通公众意愿的行为。文章提到，善待“举牌”体现了该城轨运营单位的雅量，该市城轨运营单位从一开始的不予理睬，到力推事态的良性转化，用行动为自身的形象赢得加分。

而从媒体的言论可以看到，相比事情的解决，它们更关注城轨运营单位是否尊重公众意愿。这件事情体现了该城轨运营单位对“意愿梳理”的重视，通过对市民大众的意愿梳理，成功将一次可能造成公关危机的事件转变为塑造正面公众形象的机遇，是一次成功的危机管理范例。

三、常见危机事件的应对

“乘客恐慌”事件是城轨运营过程中最常见的危机事件，处理好此类事件，能够大大减少公关危机的数量和频率。为了有效应对和避免由异常情况引起的乘客恐慌事件，各个城轨运营单位目前也都在积极探索此类事件的处理和应对。由于“乘客恐慌”发生的次数相对较多，事件引发的直接原因也相对多样化，广州地铁经过多年的实践，提出以下八个方面的做法以供参考：

一是问计于民，群策群力。广州地铁召开专题座谈会征求社会各界意见，邀请市民文明督导员、地铁服务督导员和地铁义务安全员等乘客代表，还有部分地区新闻媒体代表和市教育局、市内中学等教育系统代表（包括中山大学管理学院公共管理专家），此外，亦有省应急办和市综治办、市应急办等省市政府职能部门代表，共同为实现平安运营地铁献计献策。

二是加大对“三品”的检查力度。组织车站站务员工，配置手持式金属探测仪等设备，对搭乘地铁的乘客实施常态化安全检查；增设护卫队员，对地铁车站、列车进行巡查，对可疑人员和物品进行检查，配合车站人员处置突发事件；在地铁车站增加配置一批盾牌和长橡胶棍等自卫防御性工具，并由地铁民警为地铁车站员工进行防御性工具的使用培训。

三是总结“恐慌事件”发生的规律。“乘客打架”是目前产生恐慌的主要诱因，加大乘客文明乘车的宣传力度，并通过广播告知对打架斗殴等事件的治安处罚条款，能够有效防治这类“恐慌事件”。

四是提升客运组织能力。加大高峰期、大客流线路的客流组织疏导，增加运能，同时加大对站台候车、乘车秩序的维护。

五是借助外界力量织就严密的安全防控网络。通过聘任义务安全员充分发动车站内的商铺人员及委外维修人员等方式，搭建多层次的严密的安全防控网络，增强车站的联防联控能力。

六是加强对车站事故多发点的监控。利用列车监控视频、车站监控系统，对现场事件进行监控，一旦发生突发事件要迅速判断，及时调配人手进行处理，并通过现场人员，例如列车驾驶员、站务人员，对信息进行迅速确认与发布，避免不必要的误会，减少群体骚乱的可能。

七是注意加大在关键时期的应急预防力度。如重要活动、节假日或高峰时段，加大巡查力度，适当安排跟车巡查。

八是要求所有员工上下班乘坐地铁时佩戴工作证胸卡，便于事情发生时及时向乘客亮明身份，帮助安抚现场乘客的情绪，参与现场的事件处置。

第九章 城轨网络化运营的信息化建设

在不断提升网络化运营管理水平的需求下，城轨运营单位需要通过信息化手段来提高效率与效益。而网络化运营涉及乘客运输服务、设备质量管理、企业经营管理、员工队伍管理等方方面面，其信息化建设涉及层面众多，十分复杂。只有立足于运营管理的根本需求，紧紧围绕网络化运营的管理思想与目标，前瞻性地做好信息化体系的顶层设计，才能使日新月异的信息技术为网络化运营服务。

第一节　城轨网络化运营的信息化管控

为保障信息化建设在企业信息化战略规划指导下有序开展，必须从企业总体战略出发，以网络化运营需求为导向，以业界标准和最佳实践为标杆，建立信息化管控体系。城轨网络化运营的信息化管控体系由信息化管控模式、管控组织、管控制度以及管控要点等四部分内容组成。在保持信息化战略目标与城轨网络化运营目标一致、合理利用信息资源、控制信息化相关风险的前提下，信息化管控体系应在保障信息化建设质量和促进企业信息化价值最大化方面发挥作用。

一、信息化管控模式

城轨运营单位的信息化管控模式可以采取“管理＋协同”的模式。以广州地铁为例，涉及战略方向性、全局原则性以及企业共用系统建设等的工作，由集团层面牵头组织，实现总体规划、统一标准、协同建设、统一管控，确保企业信息化工作方向一致、标准一致，降低信息化建设的总体成本，扩大信息资源的共享程度。同时建立起企业信息化考评机制，由集团信息化部门组织考评，定期评估和检查各项信息化建设工作的开展情况。

对于各投资企业专用的系统，广州地铁则在企业信息化战略规划的指导下，由各投资企业分别制定各自的信息化战略规划，并报信息化部门审核，作为自身信息化建设工作的指导。这些系统由投资企业自行投资建设和维护，但建设和应用过程中要符合企业信息化战略规划原则要求，同时要遵守企业信息化规章制度和标准规范。

二、信息化管控组织

按管理层次划分，城轨运营单位的信息化管控组织可划分为决策机构、管理机构、执行机构和监管机构。其中，决策机构是信息化的领导和决策组织，包括信息化领导小组、各类信息化委员会（如项目管理委员会、信息安全委员会等）和各类信息化专家团（如应用开发专家团、网络基础架构专家团等）；管理机构是企业信息化的中心组织和管理部门，如设置信息管理部负责执行信息化战略规划和内部控制职能；执行机构是企业信息战略和规划的实际执行部门，其职能包括信息系统建设、基础架构建设、信息化服务运维等；监管机构是独立于信息化建设与管理的内部或外部监查或管理组织，负责执行信息化审计或其他监管职能。

信息化管控按管理流程划分，可划分为信息化战略与控制、信息化建设与管理、信息化服务与运维和信息化内部控制；按专业领域划分，可划分为数据管理、技术管理、应用管理、系统管理、网络管理和安全管理等专业领域。

综合考虑以上划分因素，城轨运营单位的信息化管控组织架构的设计可以参考图 9-1。

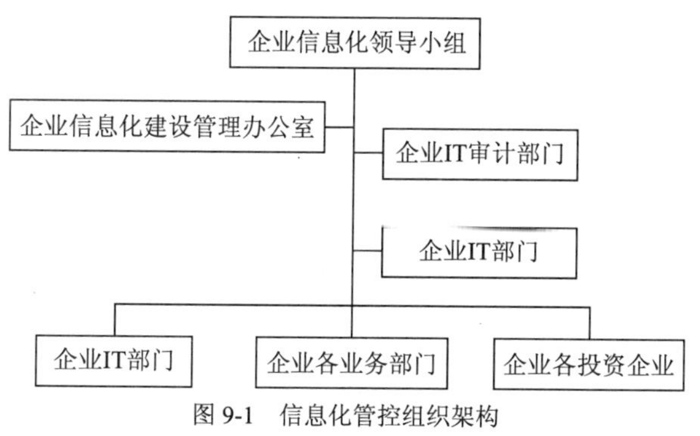

图 9-1 信息化管控组织架构

各组织的分工与职责如下：

（一）信息化决策机构

信息化决策机构即企业信息化领导小组，是信息化建设工作的最高决策层，由企业领导层组成，负责对企业信息化重大事项进行决策，由企业总经理担任组长。

（二）信息化管理机构

企业信息化管理机构由企业信息化建设管理办公室和企业信息化部门组成。

其中，企业信息化建设管理办公室由企业分管信息化的领导、各业务部门领导和各投资企业董事会代表组成，在信息化领导小组指导下开展信息化管理工作；信息化部门即信息管理部，是企业信息化工作的归口管理组织，负责整个企业的信息化战略与规划、信息化建设管理、信息化数据与技术管理以及信息化服务管理。

（三）信息化执行机构

信息化执行机构由信息管理部、各业务部门、投资企业共同组成。信息管理部同时又是企业信息化战略和规划的实际执行部门，负责信息系统建设、基础架构建设和信息化服务运维等具体的执行层工作。

企业各业务部门和下属投资企业为信息化工作的执行主体，按照企业信息化的统一规划与建设方案进行职责与职能分工，负责提出各业务单位信息化需求，配合企业相应信息化项目主办部门完成项目实施工作、信息系统应用推广工作，并建立相对完善的规章制度。

（四）信息化监管机构

监察审计部是独立于信息化部门的信息化监管机构，负责对企业信息化各项工作进行监管。

三、信息化制度体系

城轨网络化运营的信息化制度体系由办法层、细则层和执行层组成，见图 9-2。

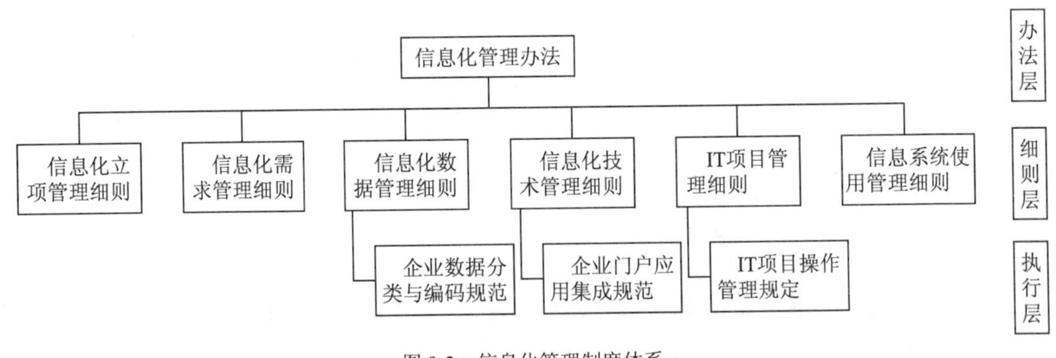

图 9-2 信息化管理制度体系

首先应建立信息化总体管理制度，如《信息化管理办法》。其次，在细则层细化管理要求，包括管理组织、流程和要求，如《信息化立项管理细则》、《信息化需求管理细则》、《信息化数据管理细则》、《信息化技术管理细则》和《信息系统使用管理细则》等。最后,在执行层则针对各项细则提出具体的操作流程和各项规范,如《IT项目操作管理规定》、《企业门户应用集成规范》和《信息系统公共数据标准》等。

四、信息化管控要点

城轨网络化运营的信息化管控要点涵盖信息化需求管理、投资管理、项目管理、应用管理、技术管理、数据管理、安全管理以及服务管理等方面的内容。

(一)信息化需求管理

信息化需求管理的重点工作是信息化需求受理和信息化需求评估。

1. 信息化需求受理

业务部门应将信息化需求以正式的方式提交至信息管理部进行评估。对于已上线系统进行升级改造,或对现有功能进行优化调整的信息化需求,需要用户先将需求提交至运维部门,后者对此需求进行登记和初步分析后,将需求和相关分析意见提交至信息化规划职能部门进行需求评估。

2. 信息化需求评估

收到信息化需求之后,应遵循以下原则进行评估:尽量与信息化战略规划保持一致,同时兼顾业务急迫性,优先考虑能基于现有系统或通过在建项目实现的需求。对于未纳入信息化战略规划但确实需要予以实现的需求,可以考虑予以实现;对于已纳入信息化战略规划但确实需要一段时间才能实现的需求,建议适当调整实现的时间。

(二)信息化投资管理

信息化投资管理的重点是信息化立项与预算。

信息化立项与预算管理包括组织信息化立项报告编制、组织科研审核、办理科研审批以及立项与预算执行监督和评估等工作。

信息化立项与预算是企业年度立项与预算工作内容之一,需要按照企业预算管理相关管理规定执行,信息化部门受企业立项委员会和预算委员会委托,牵头组织审核企业的信息化项目立项与预算申请,从战略匹配性、技术可行性、项目经济性、资金来源等多方面审核与评判项目。

(三)信息化应用管理

信息化应用管理内容包括信息化应用架构规划、项目建设过程中的应用管控以

及系统应用过程中的推广、考评以及评估等工作。

应用管理工作是贯彻信息化建设全过程，是落实在年度工作计划中的一项重要工作，包括制定年度应用推广目标，制定、下达与执行计划和执行情况检查等。

在规划阶段的信息化应用架构设计的过程中，要坚持以“业务发展战略为导向、业务需求为驱动、业务流程为主线”，遵循“统一性、简单性、灵活性、整合性、先进性”的设计原则。

在规划执行过程中，为了保证信息化规划能切实执行，企业应建立有效的信息化项目管控体系，对新系统建设和旧系统优化的过程进行管控，从而使每个项目的成果与信息化规划保持一致，最终实现信息化规划的总体目标。

在信息系统的应用过程中，信息化部门牵头组织和检查各应用系统的应用推广工作，各应用部门牵头成立应用推广小组、编制年度应用推广计划以及按计划开展各项具体的推广工作。应用推广执行情况纳入企业的绩效考评，并和信息化部门以及各应用部门的年度绩效直接挂钩。

（四）信息化数据管理

信息化数据管理包括信息化数据架构规划、数据管控、数据标准建设、数据质量管理、数据专题研究和核心数据分析等管理工作。

数据架构规划要对企业数据资源在不同层面、不同业务领域的分布进行规划，并建立相应的规章制度和标准规范，保证数据在管理和使用方面能满足“一致性、完整性、准确性、及时性”等数据质量要求，同时遵循“数据能够高度共享、充分利用”的原则，进而以数据支持企业决策，推动企业持续发展。

广州地铁信息管理部负责实现信息化数据与技术管理职能，负责信息化数据管理工作，在信息化项目建设和系统应用全过程中，采取文档评审和质量检查等手段保证信息化项目建设过程在数据管理方面的规范性，通过数据专题研究与核心数据分析等方式，提供必要的信息化数据支持。此外，还通过企业数据平台建设等信息化手段，辅助开展数据管理的各项工作。

（五）信息化技术管理

信息化技术管理包括信息技术架构规划、技术标准建设、技术管控、技术专题研究、技术决策以及基础设施资源管理等工作。

技术架构规划要遵循“业务驱动、标准统一、平台通用、资源充分利用、架构灵活、界面友好、易于维护”等原则进行设计。要逐步建立和完善企业信息化技术标准体系,保证信息化建设过程符合信息化技术架构规划的要求。

广州地铁信息管理部——信息化数据与技术管理职能负责信息化技术管理工作,在信息化项目建设和系统应用全过程中,采取文档评审和系统测评等技术管控手段,保证信息化项目建设过程的规范性,通过技术专题研究与技术决策方式,提供必要的信息化技术支持。

在信息化基础设施资源管理方面,广州地铁建立和明确了信息化基础设施资源配置、采购和管理原则,并通过技术评审等方式,保证这些原则在信息化建设和运维过程中的落实。此外,要充分利用业界先进的信息化基础设施资源管理手段和技术,如利用云计算技术、建立信息化基础设施资源管理系统等,实现对信息化基础设施资源的全面把控和动态管理。

(六)信息化安全管理

信息化安全管理工作包括建立信息化安全方针和安全策略、建立信息化安全管控体系,并按照这些方针、策略和管控流程的要求开展具体的安全管理工作。

信息化安全管控体系由组织管控体系、技术管控体系与运营管控体系组成。其中,信息安全组织管控由信息安全决策机构、管理机构、执行机构和监管机构几个部分共同组织,其管控的重点是信息化安全组织建设、人员安全教育和安全考核等工作;信息安全技术管控体系包括物理安全、网络安全、系统安全、数据安全等内容;信息安全运营管控体系的核心是信息安全事件管控,即信息安全事件的检测、评估、响应、评审、改进等工作。

构建信息化安全管控体系的具体工作包括风险评估、安全策略确定和安全方案设计、实施及检查。在风险评估阶段,主要的工作是识别信息资产和这些资产面临的威胁,评估相应的风险等级;在安全策略制定阶段,要在风险评估的基础上,从安全方针、安全组织、资产分级与控制、人员安全、物理环境、通信与操作管理、访问控制、系统开发与维护、业务持续管理、符合性管理等几方面确定信息安全的策略;在安全方案设计阶段,针对存在的风险,设计安全解决方案,包括信息安全管理体系、安全技术体系[1];在方案组织实施及检查阶段,定期进行检查,以保证所制定的安全策略、制度、技术方案、规范、标准能够落地执行。

---

[1] 信息安全管理体系是指信息安全规章制度、技术规范等;安全技术体系指的是漏洞扫描、防火墙、入侵检测和访问控制等。

（七）信息化项目管理

信息化项目管理体系指信息化项目管控组织和具体的管控工作。其中，信息化项目管控组织由企业信息化领导小组、信息化建设管理办公室、项目管理委员会、项目实施组织（领导小组、工作小组、质量控制小组组成）、项目管控领导小组和项目管控工作小组组成。

信息化项目管理工作包括信息化项目管理和对项目总体管控及规划管控两大类工作。

1. 信息化项目管理

信息化项目管理包括四个项目阶段、十大管理领域的工作。其中管理阶段包括项目识别、项目准备、项目实施、项目结束四个阶段；管理领域包括整体管理、范围管理、进度管理、成本管理、质量管理、人力资源管理、沟通管理、风险管理、采购管理、成果管理共十大管理领域。信息化项目管理在各管理阶段的主要工作如下：

（1）在项目识别阶段，组织完成项目识别的各项工作，包括项目可行性研究和项目立项。

（2）在项目准备阶段，组织完成项目准备的各项工作，包括项目需求梳理，供应商市场摸查和交流，编制项目采购文件以及组织项目采购。

（3）在项目实施阶段，负责组织完成项目实施的各项工作，包括安排项目启动准备，组织需求调研，推进管理优化，编制各项设计方案，组织开发设计，进行系统的安装配置，组织测试和初始化工作。

（4）在项目结束阶段，负责组织完成项目结束的各项工作，包括组织项目上线试运行，组织项目正式上线，进行项目后评估，组织项目最终验收。此外，在项目关键评审过程中可以引入第三方测评，对项目测试结果进行专业性和客观性的评测，提高项目实施质量。

2. 信息化项目管控

信息化项目管控包括项目总体管控和项目规划管控。

项目总体管控工作和项目规划管控由企业信息化建设管理办公室承担，具体由信息管理部负责。信息管理部成立项目管控领导小组和项目管控工作小组具体实施。项目的总体管控以季为周期时间，以项目管理为基础，以项目目标为导向，以项目成果、项目过程管理文档为依据，对信息化项目从范围、投资、进度、质量以及变更等方面进行总体管理和控制。

项目规划管控工作从规划、技术、数据三个维度，按照事先建立的各专业管控要素与管控标准，对项目所提交的成果文档进行管控评审，保证项目能够和企业架构规划及其标准规范一致。

（八）信息化服务管理

结合 ISO20000 国际标准，并参考 ITIL（Information Technology Infrastructure Library，信息技术基础架构库）最佳实践，广州地铁在信息化服务管理领域，按照总体规划、分步实施的原则，逐步建立企业的信息化服务管理体系。其中，企业信息化服务管理体系可以设计成涵盖八个模块、二十六个维度的体系架构。

八个模块包括：运维组织架构、运维体系要素、服务战略、服务设计、服务转换、服务运营、服务持续改进和运维管理平台。

二十六个管理维度包括：组织管理模式、组织架构、部门设置、岗位体系与职责、人力资源规划、运维管理体系要素、信息化服务财务管理、服务级别管理、容量管理、可用性管理、连续性管理、安全风险管理、供应商管理、变更管理、发布与部署管理、配置管理、知识管理、服务台和事件管理、问题管理、服务请求管理、日常运维管理、服务持续改进管理、集中展现平台、运维管理平台、运维相关平台、周边相关平台。

第二节　城轨网络化运营的信息系统构成及特点

一、网络化运营的信息系统主要构成

城轨运营企业进入网络化运营阶段后，大量业务需要信息系统的支撑。从业务范围角度上，主要系统包括核心业务信息化、支撑管理业务信息化、决策支持业务信息化以及沟通与共享业务信息化等内容。

核心业务信息化构成包括运输业务类应用、采购物流类应用、资源经营类应用和维修业务类应用等内容，支撑管理业务信息化构成包括财务类应用、协同办公类应用、人力资源管理应用、合同管理类应用和档案管理类应用等内容。决策支持业务信息化构成包括绩效管理应用、经营分析应用和商务智能应用等内容。沟通与共享业务信息化构成包括企业外部门户、企业内部门户、知识管理应用和即时沟通应用等内容。

从系统类型和架构的层面上，可划分为业务管理层、支撑管理层和决策支持层、渠道接入层四大部分系统，具体划分如图 9-3 所示。

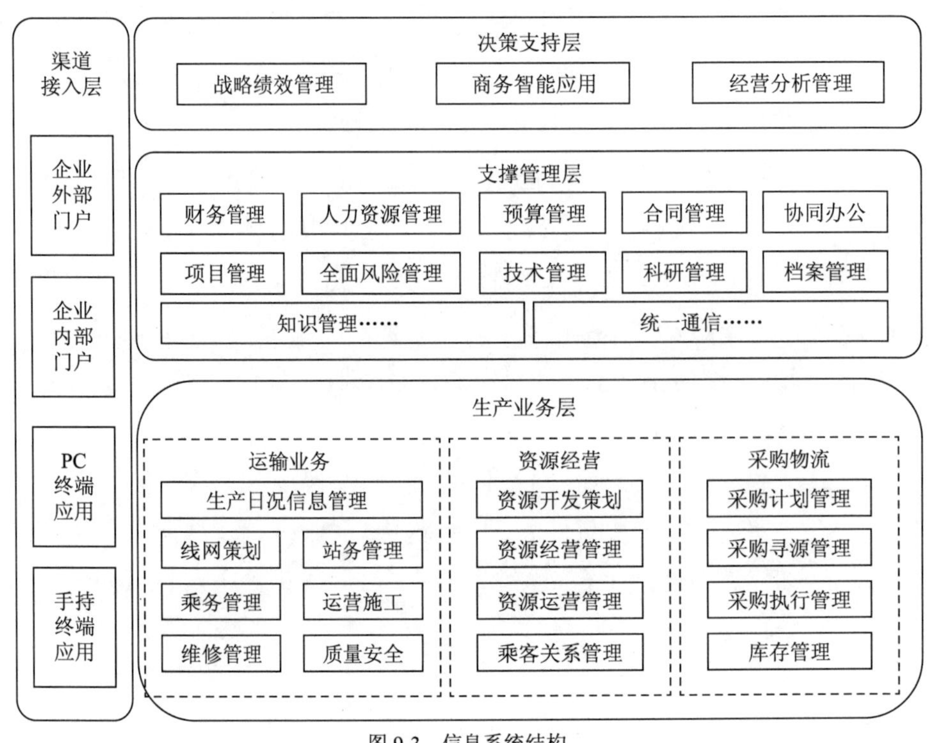

图 9-3　信息系统结构

二、网络化运营信息系统的特点

城轨运营单位进入网络化运营阶段后，信息化建设除了具备一般性的企业信息化特点外，还需根据行业特征，考虑如下方面：

（一）网络化运营的信息化涉及业务面广，专业众多

城轨运营单位在网络化运营阶段，信息化除了满足业务的一般运作，开发传统的财务、人力资源、办公自动化等软件外，还应重点建设满足网络化运营条件下的运输组织、设备质量保障和安全管理等的信息系统。在网络化运营环境下，每条线路的制式、设备种类可能都不一样。以广州地铁为例，日间运营结束后，线网中 20 多个专业，近 20 万台套设备设施分布在不同的站点和区间，接口极其复杂，大量的人工测点、检修记录需要在信息系统中予以记录。

（二）以资产管理为网络化运营的信息化核心业务

城轨运营单位属于资产密集型单位。城轨造价高昂，建设投资巨大，国内建设一条城轨线路的投资基本在100亿元以上，建设完成后将形成巨量的资产。例如，广州地铁在建成236km的线网后，其资产已达到1421亿元。如何确保这些巨量的资产的保值增值，是城轨企业运营单位管理者必须面临的首要问题。通过信息化手段构建和优化资产管理体系，能够促进资产全生命周期管理的信息管理和多专业的协作（包括合同管理、采购、资产零配件管理、维修维护、财务等多专业的协同），改进项目周期、降低成本并提高资产的运转效率，使得单位高效管理业务经营信息，并从资产中获得更多回报与现金流。

（三）城轨运营单位规模随着运营网络而增长

城轨运营单位单条线路运营时，人员规模一般较小，但一旦进入网络化运营阶段，企业人员规模会迅速扩张。如深圳地铁在2005年末时，人员总数仅为1495人，但到2013年末，开通里程为179km，人员数已达到10575人。因此，城轨运营单位在进行信息化规划时，在整体架构设计上应充分考虑和满足未来企业的发展需要。

（四）兼顾整体建设与生产设备信息化的集成

随着城轨线路和信息技术的发展，网络化运营阶段生产控制设备的信息化程度已经相当高，如车辆、通信、信号、AFC（自动售检票系统）和主控系统等，均大量采用信息技术进行控制和管理。然而，由于这些系统一般均在城轨建设过程中作为机电设备进行采购和安装，基本没有考虑和单位内部的管理系统间是否有统一的数据和接口。这为后期的数据利用和分析管理等均带来大量问题，这就需要城轨运营单位从源头对系统间的接口标准（接口方案、数据标准、技术标准）进行整体梳理和规范。

三、网络化运营的主要信息系统

（一）生产业务层的系统构建

生产业务层信息系统主要面向企业核心生产经营管理类应用，包括运输业务类应用、资源经营类应用和采购物流类应用。在运输业务类应用下，主要有运营车务管理系统、运营施工管理系统、运营维修管理系统、乘客服务管理系统等应用系统；在资源经营类业务应用下，主要有有线网资源管理系统等应用系统；在采购物流类应用下，主要有运营物流管理系统等应用系统。下面参考广州地铁信息化实践，对这些系统功能进行简单介绍。

1. 运营车务管理系统

运营车务管理系统主要包括线网策划、站务管理、乘务管理和质量安全管理四大业务模块，以及配套有时刻表管理、报表中心和基础数据管理等辅助管理模块。系统主要目的是提高车务一线工作人员排班效率和排班水平，优化人员配置，同时可有效管理车务的日常管理信息，为执行有效的生产分析和行车安全提供基础性保障，提高管理水平和降低安全风险。

2. 运营施工管理系统

运营施工管理系统是实现城轨施工组织管理的管理信息系统，包括施工计划的申报审批、现场施工请销点和停送电等过程。功能包括施工计划申报、请销点、停送电、拆挂地线和调度命令发布等业务模块以及冲突检测功能。

3. 设备维修管理系统

设备维修管理系统涵盖的业务范围包括运营的设施设备管理、计划性维护、故障性维修、设备部件整治等作业方式的计划管理、任务管理等过程管理。系统以运营资产目录、设备台账为基础，以工作单的提交、审批、执行为主线，以预防性维修和预测性维修为主，同时包容缺陷处理、计划检修等其他几种可能模式，以提高维修效率、降低总体维护成本为目标，将设备管理和人力资源管理（主要指维修人力）集成在一个数据充分共享的信息系统中。

城轨运营单位在进入网络化运营后，由于线路多、专业多、维修层级多等情况，需要在精细化管理的思想指导下，借助信息化手段加强维修现场的管理，通过将设备检修周期与内容中的工序、工艺、作业要求、测量标准配置到维修信息系统中，通过（手持终端 +APP）拍照等方式记录现场信息，进一步规范现场作业人员的作业习惯，使自检、互检、他检有据可查，有效解决在实际生产过程对于现场维修作业“做了没有、做了什么、做得怎样”的监管问题。

同时，通过现场的填报系统，还可将设备测点数据（设备关键状态数据）通过用户在手持端填报工单工序中的测量值信息，上传进入系统状态监测数据中，以实现设备状态分析精细化，强化设备状态数据的趋势化分析和应用，超标状态提示报警，为状态维修提供依据。

地铁 LMIS 系统部分功能如图 9-4 所示。

图 9-4　地铁 LMIS 系统部分功能示意图

4. 乘客服务管理系统

网络化运营阶段，随着线网的不断扩张，尤其是车站数量的不断增加，乘客对于城轨各条线路运营情况、各车站的信息把握与了解将越来越困难，单靠车站线网图、车站指示标志等，远远不能满足乘客在线网中不断快速通勤的需求。可能乘客在一个小时前还在城市南部小村庄，一个小时后通过线网的输送就已经抵达几十公里之外的北部空港、开发区——这种大线网、网络化的运营速度，对乘客服务信息化提出了更高的要求，同时信息通信工具的不断发展，也为城轨在乘客服务界面上的信息建设提供硬件的支持。以广州地铁为例，陆续推出了基于安卓系统、IOS苹果系统的手机APP微博、微信官方号以及官方网站和后台的乘客管理服务系统，为乘客的无缝出行和准确快速抵达，提供了信息化平台的支撑，同时这些平台的建设，也为地铁乘客互动、其他衍生业务的发展提供了更有效的手段。

（1）手机APP（Application，应用程序）

广州地铁官方APP是广州市政府在便民服务网站上推荐的第一个企业手机软件，用户已达到70多万人。现在该APP已完成二期的建设，新增了很多实用性的功能，非常重视乘客的体验。

广州地铁官方APP功能包括了线路查询功能、站点资讯与车站设施查询、运营公告、安全指南、出口街景查询、实景导航、互动功能等。以下简要介绍两项实用功能：

其一是实景导航。在城市中心区游览的乘客，其游览区域周边可能有多个车站，APP能自动定位乘客附近最近的站点，并提供实景导航功能，使乘客在游览结束后，快速获取车站的方位及距离信息，顺利抵达车站乘车，减少不必要的行走周折。

其二是互动功能。可以发起乘客调研，例如通过APP可完成部分乘客满意度的问卷调研，其调研效果良好。同时，这个功能也可以发起各种乘客互动参与的活动，在世界杯赛事期间，该APP发起了世界杯竞猜活动，奖品丰富，参与者多达数万人。

（2）微信公众号

应对日益增加的微信用户，广州地铁适时推出了官方微信号，并对其中的功能进行了全新改版，最新版本为乘客提供“出行资讯”“地铁知多D”和“活动资讯”等服务。其他可实现的功能包括线路查找、站点信息查询、公交换乘查询等。如今，关注微信官方号的乘客已经达到10万多人。

广州地铁手机APP（图9-5）、微信公众号，在为广大乘客提供便利的全线网信息资讯查询的同时，也开辟了一个手机互联网营销平台，为广州地铁商业、文化、旅游板块的商业服务品牌——“地铁荟”，提供专业的会员互动、产品发布、活动资讯服务。

（3）官方网站

广州地铁网站定位为服务乘客、企业宣传、服务营销及产品营销渠道，目前包括“乘客服务”“关于我们”“业务办理”“一站通”等几大版块。

图 9-5　广州地铁 APP 界面

除了具有与手机 APP、微信官方号类似的功能，还包括一些使用便利、独有特色的功能。

其一是“一站通”。包括沿线消费，例如地铁沿线商家的推广，站点服务功能介绍等，还对地铁文化产品的发布进行网站平台式推广。在未来，结合文化产品种类的多样化、多元化发展趋势，可能在功能上会有所扩充，将“一站通”拓展为类似香港地铁、台北地铁的电商平台，为广州地铁的衍生产品提供更多元化的展示与销售渠道。

其二是运营实时查询。乘客可以通过此功能，直观、快速地了解各条线路的运营情况。红、黄、绿三个等级定义不同的线网运营状态（图 9-6）：红色表示线路中断；黄色表示线路延误；绿色表示线路正常。后续的功能扩展，将实现各条线路、各个站点拥挤程度的数据实时发布，让乘客了解全线网的即时情况，在行程安排上做到心中有数。

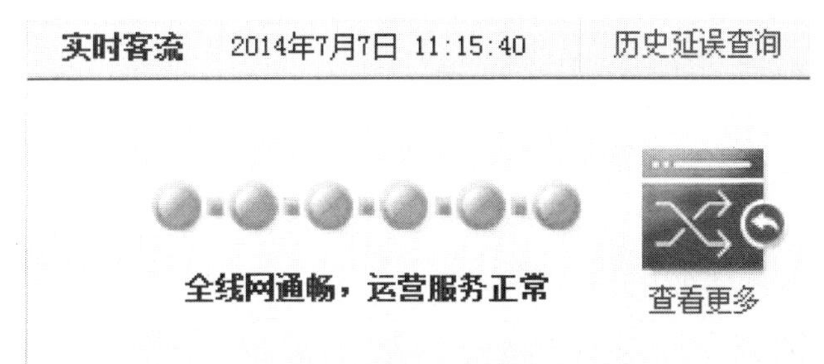

图 9-6　线路服务查询界面

手机APP、官方微信、官方网站是面向乘客服务界面的重要沟通渠道，其核心内容需要后台进行统一管理。系统以建立标准化的服务流程为目标，将面向客户的事务管理流程实现标准化、自动化，通过建立企业信息化平台规范管理面向乘客的各种服务信息，统筹服务总台（中心）管理和受理、调查、回复乘客事务等工作，并利用系统对乘客事务管理的操作流程、事务处理机制进行规范和优化。实现乘客信息发布统一管理、乘客事务管理，规范内部服务工作的管理流程，提高内部服务质量管理的信息化水平，以此辅助乘客服务资源管理和服务质量控制等内部管理业务。系统功能范围包括以下两项：

一是乘客服务信息管理，通过建立企业信息化平台规范管理面向乘客的各种标准化服务信息，实现乘客信息发布统一管理，为各种终端渠道提供统一数据源管理。

二是公众咨询管理模块，将面向乘客的事务管理流程实现标准化、自动化，通过建立企业信息化平台规范管理面向乘客的各种服务信息，统筹服务热线管理和受理、调查、回复乘客事务等工作，并利用系统对乘客事务管理的操作流程、事务处理机制进行规范和优化，以此作为服务质量控制的基本依据，不断完善服务设施和规范行为。

5. 线网资源管理信息系统

运营线网资源管理信息系统主要支撑资源经营业务的开展，提高业务管理水平和工作效率，实现经营数据的查询统计，辅助经营决策。实现广告管理、商业管理、通信管理、招商管理、客户管理、经营策划与分析管理等业务的信息化。

6. 运营物流管理系统

运营物流管理系统是以运营物资采购需求为核心，实现了从需求、计划、采购、接收到领用的闭环管理。运营物流系统主要包括：物资主数据维护管理、供应商主数据维护、供应商管理、运营类采购需求及计划管理、采购寻源管理、运营类采购执行管理、运营仓储管理、运营类入库管理和运营类出库管理。

（二）支撑管理层的系统构建

1. 财务管理系统

财务管理系统，即以资产管理为核心串联了整个财务管理的全过程管理，实现了资产从建造、移交、运营、维修到处置的全过程财务信息管理。财务管理系统所涵盖的模块包括：总账、应收、应付、固定资产、项目会计。

2. 人力资源管理系统

人力资源管理系统主要包括组织管理、人事管理、薪酬管理、学习管理、招聘管理、员工服务六个业务模块，配套使用工作流平台实现员工请假管理、绩效考核等流程审批。系统主要实现对人力资源员工服务管理、培训管理、招聘管理、薪酬绩效管理等业务的支撑及外围系统的集成。

3. 资金管理系统

资金管理系统主要是加强企业资金的集中管理，对全体下属成员单位的资金流动情况的实时掌握，控制资金使用风险，实现企业内部资金使用效率的提高，降低资金使用成本，提高企业的经济效益和驾驭资金和控制风险的能力。系统主要功能包括：账户管理、结算管理、信贷管理、票据管理、万能查询及报表管理、银企接口、与财务系统接口、CA 数字认证等。

4. 协同办公管理系统

协同办公管理系统主要划分为办文管理、办公管理、接口管理、系统管理四个部分。其中办文管理包括办文流程和办文效率统计模块，办公管理包括：会议室管理、领导日程管理、车辆管理、办公用品管理等模块。

5. 合同管理系统

合同管理系统主要通过规范企业合同管理的要素，建立满足不同类型合同管理要求的信息化平台，加强合同管控能力，打通从概算到合同，合同到移交、移交到资产、资产到维修的一体化资产管理的主体环节，同时也为工程的新线验交、管理决策提供关键的源头数据。系统主要功能包括：公文管理、范本管理、议题管理、计划管理、招标（招商）管理、合同管理、变更管理、支付管理、收款管理、保函管理、结算管理、查询报表、系统管理等。

6. 预算管理系统

预算管理系统主要是实现企业各类业务的预算编制、审核与下达、执行控制与调整、反馈与分析全过程管理，通过系统实现“事前预算，事中控制，事后分析”，提高预算管理的效率，达到降低预算管理人力成本的目的。系统功能分为五大模块，包括：预算编制模块、预算反馈模块、预算滚动模块、预算分析模块、预算控制模块。

7. 资产管理系统

网络化运营阶段，城轨的线网扩张，带来的是资产种类与价值的迅猛扩张。城轨运营进入资产密集型的阶段，城轨运营单位的资产管理系统并不是孤立的系统，而是需要以“资产全生命周期”理念为主线，将资产从项目立项、工程设计、合同招标、合同签订、合同审批、采购入库、项目发料、合同结算、实物移交、物资转固、运营维修维护和资产报废处置全过程囊括在一起。这其中会涉及下列子系统，包括工程建设管理系统、合同管理系统、财务管理系统、物流管理系统和设备维护维修管理系统等。

工程建设管理系统着重于完成工程项目的全阶段管理，包括资源、进度、投资、风险等，完成项目立项和概预算设计等资产管理的源头。

合同管理系统通过引入全方位合同管理理念，实现了对工程建设合同、企业管理类合同、运营类合同和经营类合同的管理。在合同签定时提供合同清单里记录的概算、支出类型、资产目录信息等财务关键信息，作为后续合同物资到货入库、出库退货、移交及项目成本管理等业务的支撑基础，以达到通过系统对整个资产过程进行管理的目的。

物流管理系统包括基建库存管理模块、运营采购模块、运营库存模块和运营 Sourcing 等模块。它涵盖了基建物资库存、运营物资采购计划，采购寻源，采购订单，到货存储管理和需求领用等。基建库存管理实现了基建工程设备的营造过程的跟踪管理，并与合同管理、资产移交、财务应付模块、运营维修维护模块集成，解决了资产密集型企业大型基建项目的过程管理问题，为企业搭建可视化的基建物流管理平台。

设备维护维修管理系统，包括工单、预防性维护、库存控制、设备管理、采购管理、计划管理、资源管理和业务分析等子模块。它通过集成物流管理模块和财务管理模块，实现了对维护维修的全过程业务管理以及物料消耗成本管理。

基于 ERP 系统的财务管理和预转资模块是资产管理系统的核心模块。ERP 的精髓在于财务业务协同一体化，广州地铁在这个系统中充分贯彻资产的全生命周期管理理念，把 ERP 系统带向了一个新的领域。其中，转资模块把各种业务来源的资产集成在一起，把符合条件的资产结转固定资产，这样，预转资模块成为了业务和财务的重要衔接。而财务管理模块是 ERP 系统和一体化平台的核心，它作为数据流向的终端，全面准确地反映了各业务模块的经营成果，形成各个管理部门所需要的信息，如资产实物信息、资产财务信息、概算回归信息、成本管理报表、会计报表信息等。

这个一体化资产信息管理平台的上线运行，可以说是广州地铁为应对网络化运营挑战，顺利进入资产密集运营的保障之一，有效地推动了资产从投资计划、设计、采购、施工验收、运行、维护维修到报废处置的全过程管理，实现了资源共享及配置优化、资产高效管理及成本降低、规范管控及风险规避，并为实现资产保值增值的目标迈出坚实的一步。

广州地铁一体化资产信息管理平台（IAM）部分功能见图 9-7。

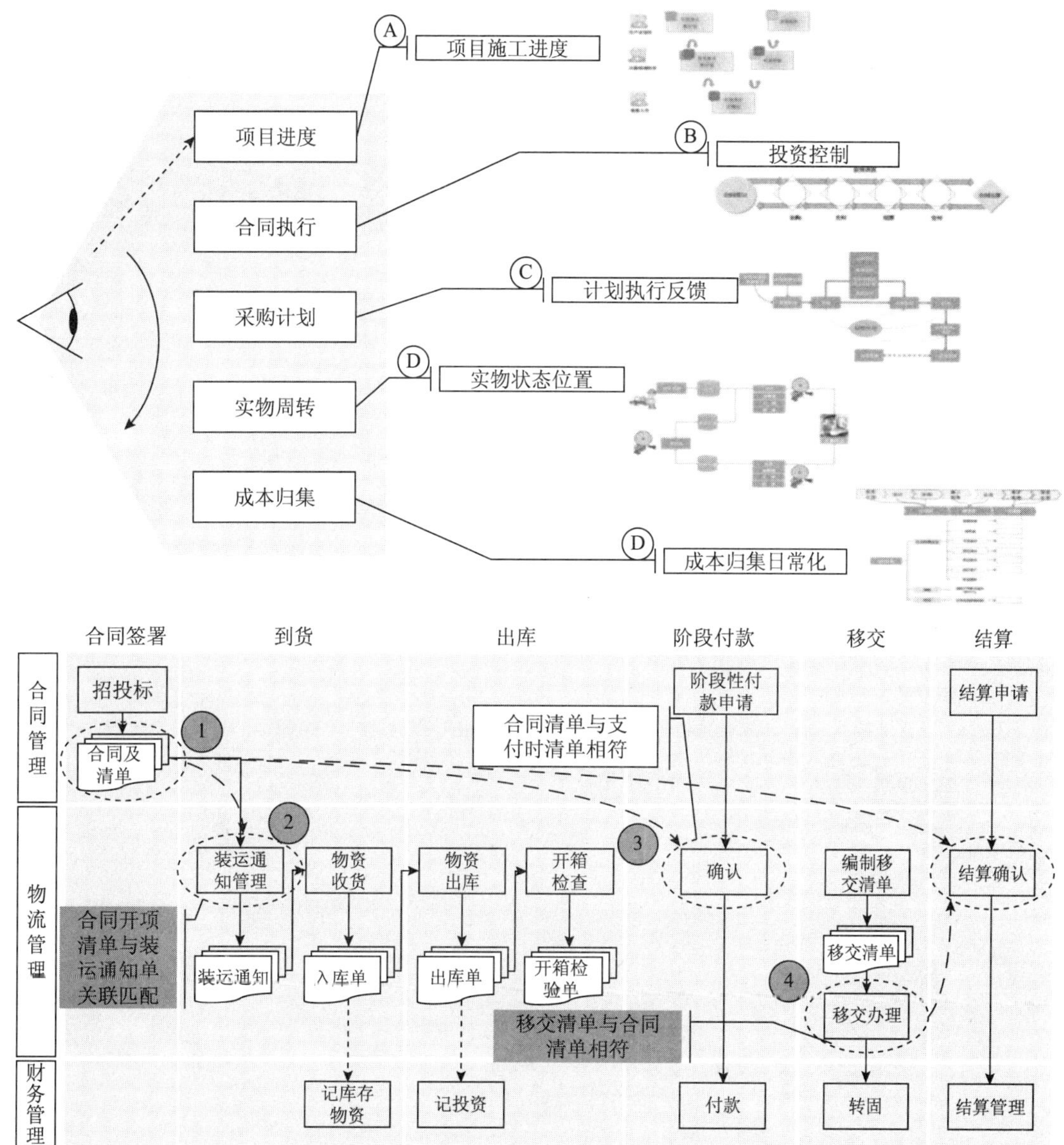

图 9-7 广州地铁一体化资产信息管理平台(IAM)部分功能示意图

(三)决策支持(渠道)层的系统构建

1. 数据管理平台

数据管理平台是一个企业级的业务分析管理平台,由数据存储、ETL 工具、数据仓库、数据集市、联机分析处理和前端展示工具等组成,提供基于企业各信息系统的全面的数据管理,按照业务主题进行建模和关联,支持业务管理人员进行业务分析与业务预测,支持中高层管理人员进行在线业务监控与业务分析支持。

数据管理平台在网络化运营阶段，对于分析客流组织等海量数据特别有效，见图 9-8。例如，广州地铁数据平台已建立了地铁运输主题的“票务收入与客运量分析”“成本与服务相关性分析”“运能与客流量匹配分析”等主题。

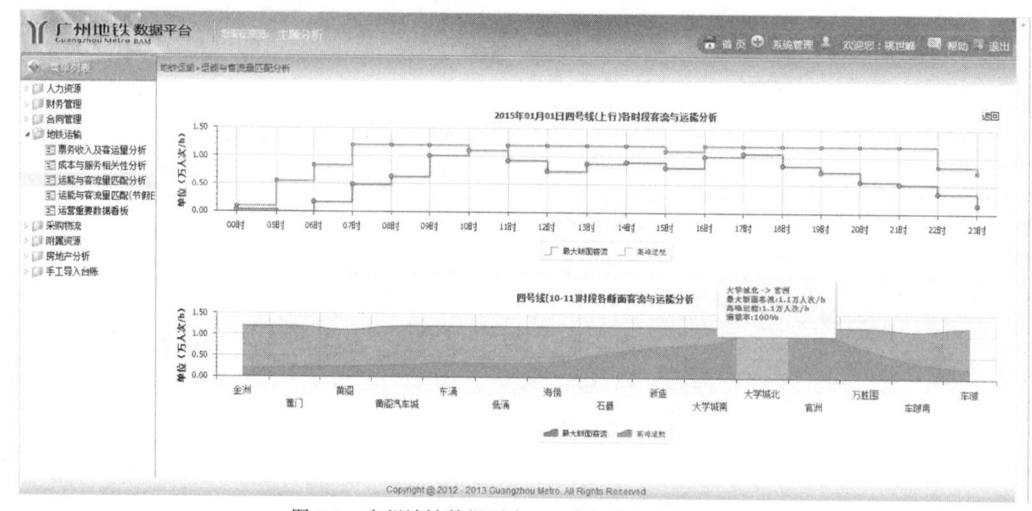

图 9-8　广州地铁数据平台——客运量与运能示意图

同时还可提供高层领导关注的指标看板“领导驾驶舱”（图 9-9），将生产运作的信息统一自动汇总到高层领导的桌面上。

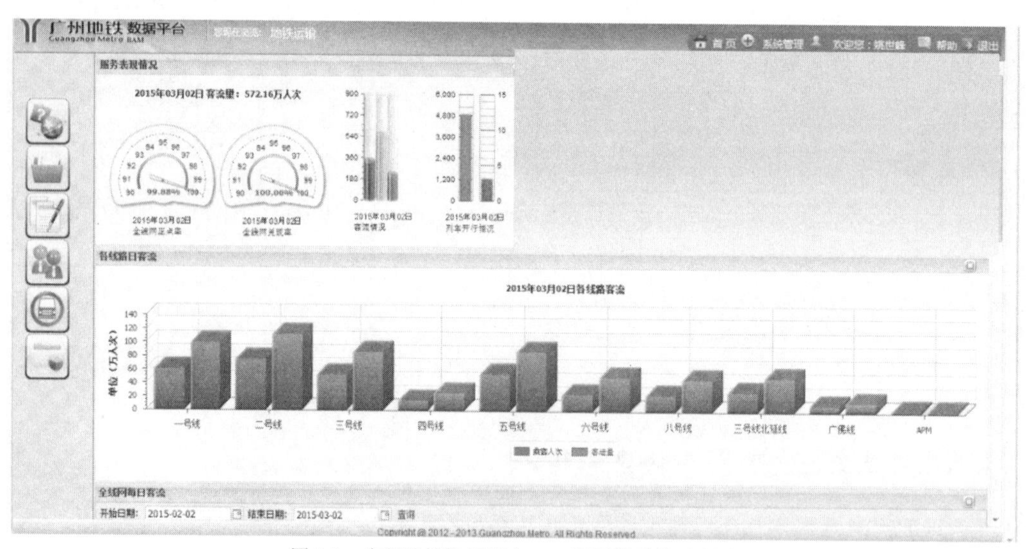

图 9-9　广州地铁数据平台——领导驾驶舱示意图

2. 组织绩效管理系统

组织绩效管理系统是企业的部门绩效管理平台，主要实现企业对各职能部门、事业部及投资企业，从绩效下达、绩效过程管理到绩效考核与评估分析的全过程管理。系统主要包括：指标库管理、绩效考核方案管理、预警监控、绩效评价管理、评估分析管理、考核方案调整、满意度调查问卷管理、系统管理等功能。

3. Glink 移动信息平台

Glink 是广州地铁基于移动终端的企业内部即时通信应用，提供了即时通信、消息提醒、企业通信录、协同办公、工作动态等平台级功能，并有别于微信、QQ 等外部通信工具，在及时通信的过程中，可以支持内部信息保密要求。

目前，Glink 已经在广州地铁内广泛应用，建立的各项专题工作群组超过 100 个，并搭建了安全应急、调度指挥两个比较重要的平台。其中的安全应急平台，将各专业的核心人员纳入平台内，并定期发布一些消息，如外部风险信息、运营每日情况等。发生应急情况时，现场工作人员可以通过图片传输方式，让各级管理人员及时了解应急现场的情况，并做出快速的部署与调配。调度指挥平台是现有调度体系的一种补充，在不影响现有的调度运作的基础上，将一些复杂的故障处理与调度信息通过文字、图片的方式与调度指挥平台内的专业小组成员进行共享，实现横向专业之间的相互协调与技术支持，减少对故障的误判与调度失误。

同时，Glink 平台逐步建立了地铁舆情资讯、维修精细化等服务应用资讯，有效促进企业内部实现信息的最大程度共享。此外，还实现了运营日报系统的移动化，可以随时查询运营日报的相关内容，见图 9-10。

图 9-10 Glink 应用——运营日报截图

4. 视频会议管理

线网扩大，带来的是管理人员之间的通勤问题。以广州地铁线网为例，各车辆段相隔十几甚至几十千米，分布在各车辆段的二级单位管理人员如果要集合开会，通勤成本相当大。部分人员可能会消耗一天的时间，而城轨运营单位对于安全、质量的管控，一般都需要通过每日的交班会等形式进行通报与布置工作。可以说，在网络化运营阶段，这种传统的面对面会议形式逐渐不适应运营的需求，视频网络会议系统应运而生。

广州地铁建设了一套高清视频会议系统，以满足总部会议室与其他分部会议室以及各分部会议室之间组织视频会议的要求。充分利用广州地铁骨干网络，将系统延伸至分布在其他车辆段的运营总部二级单位，在各个办公区域的会议室共部署了8个硬件终端，满足多组会议同时召开的需求。该系统可以实现一对多、多对多的视音频交互、视频交流、数据会议；可以实现各个会场之间的双向讨论；可实现画面同步，显示所有与会者和声控大画面。

第三节　城轨智慧车站的规划建设

在网络化运营阶段，城轨客流规模庞大。对于一线员工来说，每天都必须面对巨大的营运压力。对于城轨运营单位而言，为了确保运营达到安全标准，保持较高的服务水平，必须投入更大的人力物力，不仅要承担更多的成本，而且成效也可能不尽人意。这种以人员开展业务为主的传统运营模式，使得城轨运营水平很大程度依赖于人员资源的配置程度。

现代互联网技术，特别是移动互联网技术的发展，使得引入WLAN（Wireless Local Area Networks，无线局域网）移动网络技术构建城轨智慧车站成为现实。智慧车站，就是通过应用移动网络技术优化车站运作，实现城轨智能化运营。与传统管理模式相比，智慧车站的管理方式是追求的是智能化的系统运作，通过移动网络技术优化车站各项运作，提供运营效率，降低成本投入。一方面通过向乘客提供远程服务，有效降低现场的人员服务压力。另一方面，通过移动网络信息传递技术，优化车站内部业务流，通过远程数据传输实现自动化的系统运作，有效降低管理成本。目前，广州地铁已开展智慧车站项目的研究设计，通过智能化手段，实现车站高效、智慧式管理和运作，并为乘客提供快捷、及时的优质服务。

一、智慧车站建设目标

（一）提升安全防控能力

城轨智慧车站依托 WLAN 网络，可以将车站安检要求更广泛的向乘客宣传，提高乘客的安防意识；可以将城轨视频监控系统通过人脸识别技术和异常行为分析技术手段进行扩展应用，提高安全防范的技术水平，增大安全防范密度、频次；也可以通过更广泛的网络途径，扩大乘客群防群治的力量，形成集合安全风险举报、异常人员和异常行为识别、安防合理化建议采集等融为一体的城轨安全防控平台，提升车站安全防控水平，弥补现有安防措施的不足。

（二）提升客流组织水准

基于 WLAN 网络，城轨单位可建设网络化线网客流监测预警信息系统，实时监控线网客流的变化情况，指导车站人员采取不同等级的客流控制措施，提升线网客流控制效果。同时，通过网络向乘客推送线网实时情况，引导乘客合理选择出行线路，乘客也可以通过网络实时了解目的地实时情况。

（三）提升乘客服务体验

城轨智慧车站为乘客提供了全新的智能化服务手段。这一方面可利用站内铺设的远程服务响应端，与现场在站内实现远程服务交互，另一方面通过乘客手机上安装的服务端，缩短城轨与乘客之间的服务距离，通过手机端提供运营服务信息以及接受乘客的服务需求。与以人员服务为主的传统服务方式相比，智慧车站提供的智能化服务方式显著提升了乘客的服务体验，提供更加准确的信息和更多的附加服务价值。

（四）精细车站内部管理

城轨车站的智能化管理是指通过后台管理系统，自动采集各项运营服务数据，对服务需求实现有效跟踪管理，使管理者根据服务需求的变化情况，及时调整运营服务的策略，制订有效的运营服务方案，使车站管理运作更有针对性，从而提高车站的运作管理水平。

（五）降低人工成本投入

智慧车站采用智能化管理模式，可弥补传统运营在成本投入上的不足。远程服务响应和线上运营监控可降低人力成本上的压力，提高运营产出。以 WLAN 构建的网络服务环境同时避免了有线网络的局限性，提高了网络资源的利用效率，同时使管理者无需投入大量的费用改造现有的网络。

二、智慧车站系统构成

（一）智慧车站一体化系统

城轨智慧车站将人、数据和业务流程进行了一体化的集成，它不仅表现在公司内部服务资源信息的集成，还同时实现乘客与城轨员工和管理者之间的信息交互，进行城轨内部业务系统整体协调，与乘客达成即时、互动的服务关系，从而有效地提高乘客满意度并节约服务成本。

整合后的城轨智慧车站将形成一体化的乘客交互平台，平台两边联结着城轨乘客和车站服务人员及管理者，下端支撑的是信息资源整合，包括各业务数据和管理流程，上端延伸出服务方式的整合，包括各类固定终端和移动终端应用和功能，如图 9-11 所示。

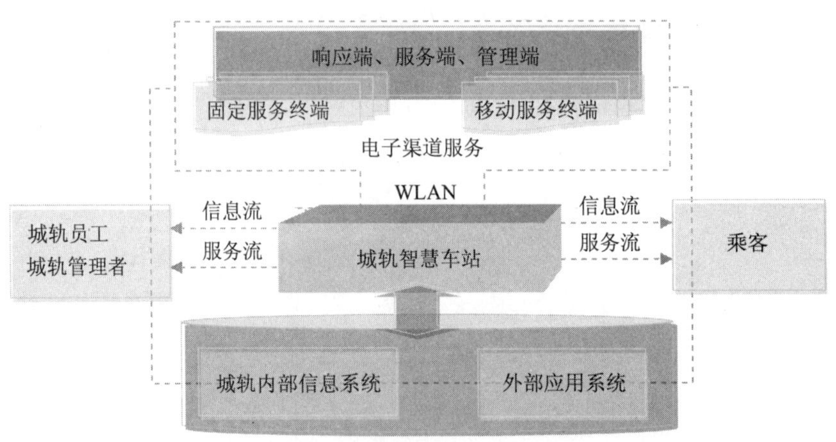

图 9-11　城轨智慧车站应用蓝图

（二）智慧车站 WLAN 网络环境

建设车站 WLAN，既为乘客提供免费的移动互联接入，也为智慧车站的管理提供必要的移动网络通信环境，即在确保 WLAN 网络信号不干扰城轨运营安全的前提下，在城轨车站的公共区域及列车隧道铺设WLAN网络及公共接口。依托于WLAN网络环境，智慧车站通过响应端、服务端、管理端和后台管理系统各端口的协作，共同实现智慧车站的功能。

1. 响应端

响应端为乘客的服务需求提供接入，包括两种类型，一是车站设置的服务终端，如基于WLAN网络传输信号的远程对讲系统、求助设备、远程监控设备，用于支持与乘客之间的远程服务互动与站内客流监控；另一个是APP（Application，应用程序）、微信公众号等手机终端，主要为线上乘客提供移动服务接入。

2. 服务端

服务端指为车站工作人员配备的手持服务终端，可接入车站的WLAN网络，与服务器实现远程数据同步。通过远程网络数据传输，现场服务人员能通过手持服务终端，向乘客展示城轨运营信息，接收乘客的远程服务需求信息，并及时响应乘客的服务需求。同时，手持服务终端还具备现场拍摄及文字、图片、语音信息传输等功能，方便车站服务人员使用手持服务终端开展各项内部管理工作。

3. 管理端

在车站内设置站级管理端，车站通过站级管理端可实现与响应端及服务端之间的数据同步，实现不同层级的信息监控、统计及分析功能。当乘客通过响应端向车站发送求助信息时，车站可通过管理端实现远程响应，以确认乘客的服务需求。

4. 后台管理系统

响应端、服务端和管理端都由后台系统进行统一监控及管理，并记录系统运维过程中所产生的各项数据。系统的运维会产生各项运营关键信息，而这些信息通过系统的深度分析，能够帮助管理者了解乘客服务需求的变化情况和内部运作存在的问题，为管理者提供必要的管理依据。

三、智慧车站构建模式

（一）安全防控智能化

1. 乘客异常行为分析

通过视频识别技术，可以在对车站客流进行实时监控的同时分析乘客异常行为，如某区域瞬时客流的聚集、静止和跑动。通过服务器向车控室发送报警信号，即时报警，同时也可通过WLAN网络向车站人员移动服务端推送报警信息，指引工作人员迅速到场处置，提高踩踏事件、恐慌事件等突发事件的处置应对效率。

2. 人脸识别技术甄别犯罪分子

在城轨客流监控预警信息系统的基础上，增设高清摄像头，采用人脸识别技术，根据公安系统犯罪分子数据库，可以有效对进出车站的人员扫描比对，当扫描对象被识别为犯罪分子时，后台服务器自动报警，并将相关信息报车控室和公安部门。这样可以建立起有效打击犯罪分子的工作平台，构筑城轨安防网络。

3. 义务安全员实时举报

建立智慧车站，可以让更广大的乘客参与到城轨的服务体验和管理体验。乘客在搭乘城轨过程中可以把发现的安全隐患、紧急事件通过文字、语音、视频等快速向车站工作人员反馈，更重要的是通过智慧车站的位置识别可以自动识别相关事件或信息发生的位置，提高信息传递速度、响应速度，大大提高沟通效率，避免现有渠道的信息不及时、反映问题位置描述不清等问题。因此，在 WLAN 网络环境下搭建的城轨智慧车站，可以为乘客义务安全员作用的发挥提供更大空间。

（二）客流监测智能化

通过 WLAN 网络引入城轨客流监控预警信息系统：在车站安装高清监控摄像头或者通过对既有摄像头进行改造，采集视频图像加以转换处理并形成适用的视频流；使用嵌入式系统算法进行分析，通过图像识别技术实时测算车站客流密度，实现客流预警；指导车站准确把握客流控制启动时机，避免车站人员由于工作经验、专业程度等差异，导致不同车站客流控制效果不一，切实提升车站客流组织水平。同时，基于车站 WLAN 的网络平台可以实现各车站实时客流图像的高效传输（图 9-12），乘客作为交通运输最重要的参与者，能动态掌握目的地及通行路径的实时情况，在大线网的环境下有利于乘客选择换乘路径，优化和均衡城轨网络客运强度。

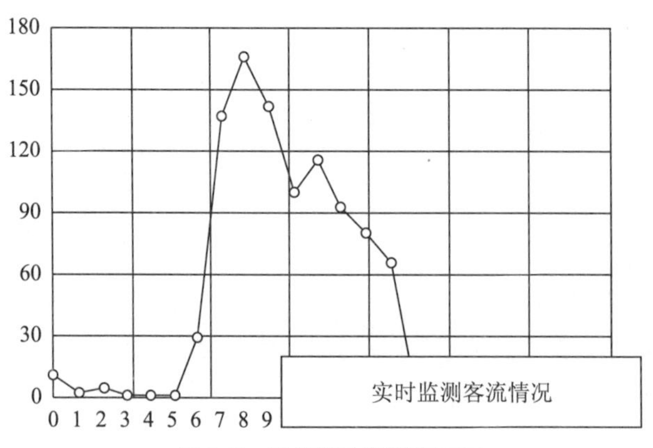

图 9-12　城轨车站客流情况图

（三）对外服务个性化

1.“呼应式”人员服务

随着线网客流的不断增加，有限的人员服务难以满足日益增大的乘客需求。通过建立“呼应式”服务，利用 WLAN 网络下可自动获取乘客移动终端 IP 地址以及通过乘客移动终端扫描二维码等技术，实现乘客位置的精确定位，远程智能响应乘客服务需求，能充分利用有限的人力资源，降低人力成本，提高现场服务效率。

（1）站内定点求助功能

城轨车站内增设基于 WLAN 网络下的远程服务系统，覆盖出入口、通道、换乘平台以及站台等车站关键位置，并在求助按钮上增加远程对话功能。同时，可利用二维码定位功能，在车站（站厅、站台、出入口等）区域的显著位置上张贴二维码，在乘客需要寻求帮助时，用手机扫码即可接入微信、APP、电话等页面，直接呼叫到车站人员，方便车站远程解答及确认乘客服务需求。城轨智慧车站可实现求助按钮以及二维码位置相对应视频监控的联动，即当乘客发出求助请求后，相对应的摄像枪自动聚焦该区域，当用户发生求助时，客服求助系统将信息传给视频监控系统，对应节点摄像机立即启动预置位，将产生求助系统的情况全部录像，便于日后查询。当需要现场响应时，车站可根据求助按钮的安装位置以及二维码所识别的区域进行地点识别，就近安排工作人员响应乘客需求，见图 9-13。远程服务系统有助于提高车站服务工作安排的合理性，提高现场服务的效率。

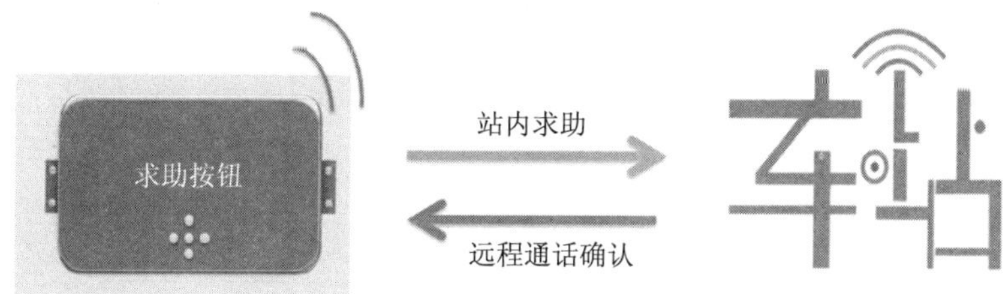

图 9-13　车站定点求助功能

（2）手机 APP 远程求助功能

在手机 APP 中开发乘客与城轨之间的移动式远程服务系统，在 WLAN 网络环境下，乘客可通过手机 APP 将自身的服务需求通过文字、语音以及照片等信息传送至车站管理终端，使得车站能及时接收乘客的需求信息，并就近安排车站工作人员处理乘客事务，见图 9-14。手机端上设置的远程服务系统，使乘客长期使用的手机转化为城轨的远程服务媒介，一方面提高了城轨对外服务的便捷性、覆盖性；另一方面，移动终端上设置远程服务系统有助于降低城轨的对外服务成本。

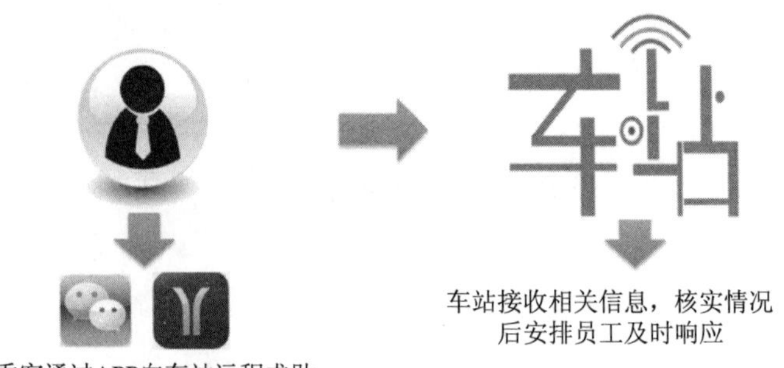

图 9-14　手机 APP 远程求助功能

2. “互动式”多维服务

借助 WLAN 的网络资源，将智能技术融入乘客服务中，将各方面优势资源加以整合，为乘客提供更为信息化、智能化的互动性服务。

（1）电子化资讯查询服务

为车站厅巡岗配备手持服务设备（如平板电脑或智能手机）。一方面，工作人员可在乘客问询时通过手持服务终端向乘客直观展示城轨各项运营资讯，如前往目的地的搭乘线路、周边资讯及地图等；另一方面，工作人员可使用手持服务终端作为乘客服务需求的远程接收终端，及时响应乘客通过手机端发出的远程服务需求。电子化资讯查询服务功能同时可以在乘客的手机上实现，当乘客连接 WLAN 网络通过 APP 查询运营资讯时，APP 可根据乘客所在 WLAN 网络 IP 地址，识别乘客所在的车站，并在 APP 中筛选该站点常见的乘客咨询问题清单及答案，方便乘客快速掌握相关资讯。

（2）运营信息主动推介服务

在 WLAN 的免费网络资源下，乘客可通过手机 APP 免费接收最新的运营信息。当乘客进入车站的 WLAN 网络环境下，APP 根据乘客所在的车站，向乘客发送对应车站最新的运营服务资讯、包括车站服务公告、线网实时拥挤度示意图、实时客流控制信息、运营结束时间提醒、停止售票提醒等日常运营信息。在城轨线网发生紧急情况时，如线网发生列车晚点延误，APP 第一时间向乘客推送应急信息。免费的 WLAN 网络资源使乘客接收城轨运营信息时，无需付出任何网络资费，更好地鼓励城轨乘客主动获取城轨运营资讯，避免了以往乘客付费获取信息的消极性。APP 的功能开发应注重乘客的自主选择需求，使乘客能通过 APP 设置有意向接收的运营信息类型。

（3）出行智能向导服务

在 APP 中增加智能向导功能，乘客可通过 APP 内的智能向导预设置换乘及下车提醒服务功能，见图 9-15。列车行驶过程中，手机 APP 通过 WLAN 信号定位乘客所在的区间位置，在乘客到达换乘站或目的地站前，提醒乘客做好换乘或下车的准备。

图 9-15　手机 APP 智能向导功能图

（4）寻物寻人全网求助服务

APP 的功能开发中可增加寻物寻人的全网求助服务。当乘客发现亲朋走失或遗失物品时，可通过 APP 发送求助信息，见图 9-16。APP 后台接收乘客发出的求助信息后，会第一时间将该信息通过网络及时传输线网各个车站以及工作人员，方便车站工作人员及时帮助乘客的困难。该功能的实现有利于解决以往信息传递的滞后性，实现乘客求助信息的及时传输以及跨站响应，使乘客的求助需求能及时获得线网各站的全体工作人员的帮助。

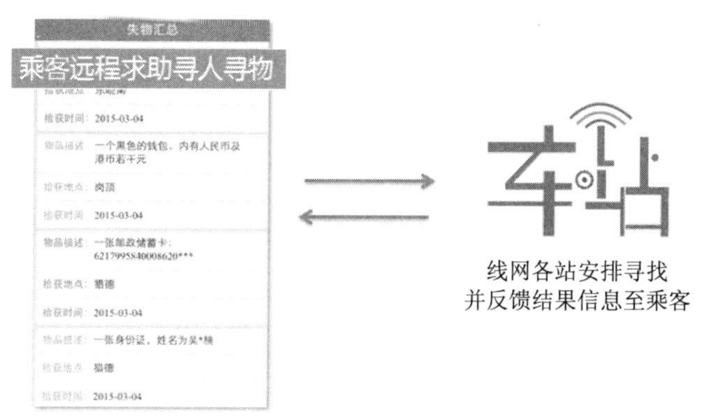

图 9-16　APP 寻人寻物求助服务图

（四）车站管理精细化

1. 站务运作精细化

车站运作可通过借助 WLAN 网络传输技术及手持服务设备，实现车站现场工作的即时网络传输，无需再次通过纸质台账或电脑系统进行登记录入，实现线上线下一体化的车站运作模式。

（1）车站智能巡视及故障报修

在车站的巡视关键位置张贴二维码（图 9-17），工作人员巡视时可使用手持服务终端通过扫描二维码汇报现场巡视情况。巡视过程中发现现场设备出现故障时，工作人员可通过手持服务终端扫描车站设备上的二维码并点选预录的故障类型，同时可选择附上现场照片，将现场故障信息实时远程传送至后台系统并自动生成故障报修单。

图 9-17　APP 二维码位置识别图

（2）边门进出即时传录

工作人员可使用手持服务终端，拍摄荣军证、残疾人证等边门进出入时须出示的证件内页的照片，系统同时自动记录时间，从而节省现场工作人员手写登记证件信息的时间，提高现场登记的效率。后台记录的边门进出信息，形成电子台账，方便管理者查看边门的即时进出情况。

（3）设备设施数据实时采集

车站工作人员配备的手持服务终端可加装现场设备信息收集系统，届时工作人员可使用手持服务终端，通过点选功能菜单添加设备类型、位置信息以及现场图片等数据完成车站服务设备设施的数据采集。所收据的各项数据会通过 WLAN 网络传输到后台系统，并形成数据库。在业务需要时，可根据业务需求，通过筛选数据类型提取相关数据，无需车站工作人员提供。数据传递过程如图 9-18 所示。

图 9-18　设备设施实时数据传递图

2. 服务管理精细化

车站管理者可通过分析各项智能服务的后台管理数据，读取车站服务工作的开展情况以及乘客的服务关注重点，例如，车站哪个区域的乘客经常求助，求助的内容倾向于哪一个方面以及乘客线上咨询的问题集中在哪一方面等关键信息，从而精准分析乘客需求及其变化，使管理者及时根据服务需求变化情况，调整相应的服务策略，制订专项的工作方案。

引入先进技术发展城轨智能交通，是城轨运营发展的必经之路。要实现网络化运营的高效与高质量必须要从前期规划设计做起，将先进技术的使用融入城轨建设与运营的全生命线，加强城轨的全生命周期管理。城轨智慧车站是城轨智能运营的核心。借助 WLAN 网络技术，建设优质的移动网络环境，实现车站的智能化运营管理，能有效提升车站在安全、客运以及服务等各个方面的运营管理水平，最终以智能管理的优势应对城轨网络化运营带来的种种挑战。

当然，智慧车站的构建不局限于 WLAN 技术的引入，未来的城轨运营管理需持续引入更多的技术力量。智能化的城轨运营管理能使城轨在网络化运营阶段客流日益庞大的严峻挑战下，以有限的成本投入维持优质的运营管理水平，构建城轨智慧车站正是实现未来这一目标的重要基石。

参考文献

［1］中国城市轨道交通协会 . 城市轨道交通 2013 年度统计分析报告 [J/OL]. 中国城市轨道交通协会信息，2014（5）. http://www.camet.org.cn/hyxw/201405/t20140504_304507.htm.

［2］何霖 . 城市轨道交通运营筹备与组织 [M]. 北京：中国劳动社会保障出版社，2009.

［3］Peter Buxbaum. Condition Based Maintenance[J]. MLF，2010，4（7）.

［4］张永生 . 民用航空维修工程管理概论 [M]. 北京：中国民航出版社，1999.

［5］何霖，昌路明，张蜇，等 . 城市轨道交通列车安全关键系统的鉴别方法研究 [C].2013 年轨道交通电气与信息技术国际学术会议（EITRT2013）论文集 . 德国：斯普林格出版社，2013.

［6］何霖 . 城市轨道交通运营管理——从有序到有效 [M]. 北京：中国劳动社会保障出版社，2015.

［7］何霖，方思源，梁强升 . 城市轨道交通网络化运营的挑战与对策 [J]. 都市快轨交通，2015（2）.

［8］何霖，李红，方思源 . 城市轨道交通网络化运营的组织体系 [J]. 城市轨道交通研究，2014（2）.